48,–

CHRISTIAN GOUDINEAU · VINCENT GUICHARD
MICHEL REDDÉ · SUSANNE SIEVERS · HENRY SOULHOL

DEUTSCHE FASSUNG VON RUDOLF FELLMANN

CAESAR UND VERCINGETORIX

SONDERBÄNDE DER ANTIKEN WELT

Zaberns Bildbände zur Archäologie

VERLAG PHILIPP VON ZABERN · GEGRÜNDET 1785 · MAINZ

CHRISTIAN GOUDINEAU · VINCENT GUICHARD
MICHEL REDDÉ · SUSANNE SIEVERS · HENRY SOULHOL

DEUTSCHE FASSUNG VON RUDOLF FELLMANN

Caesar und Vercingetorix

VERLAG PHILIPP VON ZABERN · MAINZ AM RHEIN

IV, 71 Seiten mit 100 Farb-, 2 Schwarzweiß- und 14 Strichabbildungen

Umschlag vorne: Hintergrundbild s. S. 47, Abb. 68; Münze oben s. S. 7, Abb. 2; Münze unten s. S. 8, Abb. 3.

Vorsatz vorne und hinten: Bibracte/Mont Beuvray. Ausgrabungen im Inneren des Oppidum.
Keller in Trockenmauertechnik. (Photo R. Fellmann)

Umschlag hinten: Gefallener Gallier s. S. 62, Abb. 91.

Die Deutsche Bibliothek – CIP-Einheitsaufnahme

Caesar und Vercingetorix / Christian Goudineau ... Deutsche Fassung von Rudolf Fellmann. –
Mainz am Rhein : von Zabern, 2000
(Antike Welt ; Sonderbd.)
(Zaberns Bildbände zur Archäologie)
ISBN 3-8053-2629-7

ISBN 3-8053-2629-7
Übersetzung: Rudolf Fellmann, erste Grobübersetzung von Carola Süß und Kerstin Sommer
Gestaltung: Ilka Schmidt, Verlag Philipp von Zabern, Mainz
Lithos: Editions Errance, Paris und MWP, Wiesbaden

Printed in Germany by Kunze & Partner, Mainz
Printed on fade resistant and archival quality paper (PH 7 neutral) · tcf

Inhalt

Vorwort

Das Jahr der Entscheidung (52 v. Chr.)

Der hier vorliegende Sonderband der Zeitschrift ANTIKE WELT zu diesem Thema ist eine erweiterte und auf den neuesten Forschungsstand gebrachte Übersetzung des Bandes mit dem Titel «Il y a 2050 ans ... L'Année terrible. 52 av. J.-C. César contre Vercingétorix» der renommierten französischen Zeitschrift «l' Archéologue».

In der Tat war das Jahr 52 v. Chr. ein entscheidendes. Schon darum, weil Caesar sich relativ unvermittelt einem großen, immer mehr um sich greifenden Aufstand der gallischen Stämme, die er teilweise längst unterworfen glaubte, gegenüber sah. Dann aber auch, weil angeblich treue Verbündete Roms (wie z. B. der Stamm der Haeduer) abfielen und sich einzelne gallische Führer in höchstem Maße als unzuverlässig erwiesen. Vor allem der Haeduer Dumnorix agierte offen und verborgen. Er bezahlte diese Tätigkeit schließlich mit seinem Leben. Aber auch Vercingetorix, der große Gegenspieler Caesars, war ursprünglich ein Mitglied des engeren Kreises um Caesar. Dort hatte er offensichtlich allerhand an taktischen und strategischen Kenntnissen erlernt, die er nun einsetzen konnte.

Caesars strategisches Genie erwies sich nicht in allen Fällen als unfehlbar. Seine von ihm herunter gespielte Schlappe vor Gergovia und der Verlust großer Teile des Trosses samt der gallischen Geiseln im zu wenig befestigten und mit ungenügenden Truppen bestückten Oppidum von Noviodunum, waren arge Rückschläge. Dabei scheint es sich besonders im letzteren Falle um einen eigentlichen Fehlentscheid gehandelt zu haben.

Lange Zeit war die Forschung, was die archäologischen Gegebenheiten des «Bellum Gallicum» anbetrifft, kaum mehr aktiv. Führende französische Wissenschaftler unter der Leitung von Christian Goudineau, Professor am Collège de France in Paris, haben nun die Ereignisse des entscheidenden Jahres 52 v. Chr. nach den neuesten wissenschaftlichen Gesichtspunkten, unter gleichzeitiger genauer Ausnutzung der Resultate der jüngsten archäologischen Grabungen sowie unter besonders akribischer Interpretation des Textes von Caesars «Commentarii de Bello Galllico» aufgearbeitet. Dabei war auch ein stetiger Vergleich mit den unter Napoleon III. durch Oberst Stoffel geführten Grabungen und Sondierungen angezeigt. Alle angeführten Quellen erbrachten eine Synthese, die wir nun in möglichst getreuer Übersetzung dem Leser vorlegen.

Bei seinen Forschungen stand Christian Goudineau in der Person von Henry Soulhol ein erfahrener Offizier zur Seite, der die militärischen Aspekte der Aktionen der beiden Gegner, Caesar und Vercingetorix, aus der Sicht des militärisch geschulten Kommandanten kritisch durchleuchtet.

Im vorliegenden Band werden die Bewegungen Caesars und seines Gegners genau analysiert. Die Belagerung und Eroberung von Avaricum/Bourges, das Scheitern Caesars vor Gergovia (bei Clermont-Ferrand) und die entscheidende Einschließung des Vercingetorix in Alesia mit dem folgenden Entscheidungskampf und der Kapitulation des Anführers des großen Aufstandes werden im Lichte der neuesten Resultate der Grabungen und Forschungen an den entsprechenden Örtlichkeiten geschildert.

In diesem Sinne nimmt die Berichterstattung von Michel Reddé, Professor und Directeur d'études an der École pratique des Hautes Études in Paris über die französisch-deutschen Grabungen der vergangenen Jahre an der «Contrevallation» und an der «Circonvallation» um Alesia sowie in den entsprechenden Lagern und Kastellen breiten Raum ein. Hier konnten in einer vorbildlichen Zusammenarbeit der beiden Länder Deutschland und Frankreich die Grabungen, die Oberst Stoffel zur Zeit Napoleons III. durchgeführt hatte, verifiziert, praezisiert und ergänzt werden. Vorzügliche archäologische Luftaufnahmen von René Goguey, einem der Pioniere dieser Sparte in Frankreich, illustrieren diese Ausführungen.

Die Leitung des deutschen Sektors der Grabungen lag in den Händen von Siegmar v. Schnurbein, dem 1. Direktor der Römisch-Germanischen Kommission des Deutschen Archäologischen Institutes in Frankfurt/Main. Susanne Sievers, 2. Direktorin der Römisch-Germanischen Kommission, hat für die deutsche Ausgabe einen speziellen Beitrag über die Waffenfunde aus den Gräben vor Alesia geschrieben. Diese waren anläßlich der Grabungen unter Napoleon III. entdeckt worden, und konnten nun erstmals nach Jahrzehnten des Dornröschenschlafes in den Depots der Museen aufgearbeitet und zeichnerisch dokumentiert werden. Sie bilden fortan einen wichtigen Datierungsfixpunkt innerhalb der Chronologie der Spätlatènezeit.

Wir messen dem vorliegenden Sonderband eine doppelte Bedeutung zu. Einmal soll er die Notwendigkeit einer engen Zusammenarbeit der französischen und der deutschen Fachgelehrten über alle Sprachbarrieren hinweg aufzeigen (wie sie sich im Fall der Untersuchungen im Umland von Alesia glänzend bewährte und wie sie neuerdings wiederum bei den deutsch-französischen Grabungen, an denen nun auch eine schweizerische Equippe teilnimmt, im Bereich der elsässischen Gemeinden von Biesheim und Künheim zu herausragenden Resultaten geführt hat), sodann soll dem Leser aufgezeigt werden, daß eine enge Interaktion zwischen der klassischen Philologie mit ihrer Textkritik, der Alten Geschichte und der Feldarchäologie unabdingbar geworden ist, und daß sich diese Zusammenarbeit nicht nur auf den rein didaktischen Bereich erstrecken kann, sondern daß sie alle Teile eines antiken Textes nach den modernsten Gegebenheiten der drei Disziplinen zu durchforsten hat.

Die deutsche Übersetzung des französischen Textes, die nicht nur eine genaue Kenntnis der französischen Sprache und ihres ausgedehnten Wortschatzes, sondern auch ein genaues Wissen um die Fachterminologie der Archäologie der Römischen Provinzen, sowie eine genaue persönliche Kenntnis der angesprochenen Örtlichkeiten verlangte*, lag in den Händen des Unterzeichnenden, Professor emeritus an der Universität Bern (Schweiz), der als ehemaliger Redaktor der ANTIKEN WELT dieser Zeitschrift nach wie vor nahe steht.

* Carola Süß und Kerstin Sommer hatten eine erste Grobübersetzung geliefert, die dann infolge der erwähnten Erfordernisse von Grund auf neu konzipiert werden mußte.

Rudolf Fellmann, Basel

Unter der Leitung von
Christian Goudineau,
in Zusammenarbeit mit
Vincent Guichard, Michel Reddé
und Henry Soulhol

Vercingetorix und Caesar. Das Jahr der Entscheidung

Über das Jahr 52 v. Chr. wüßten wir ohne den Bericht Caesars, den er uns in seinem *Gallischen Krieg* überliefert hat, nichts. Sein Bericht war jedoch nicht für uns bestimmt, sondern für die politische Klasse Roms. Sie interessierte sich allerdings kaum für Gallien und noch weniger für die Einzelheiten der Feldzüge, außer vielleicht für die Belagerung Alesias, die ein außergewöhnliches Ereignis darstellte: Caesar siegte, obwohl viele seinen Untergang vorausgesehen hatten.

Als Napoleon III. daran ging eine *Histoire de Jules César* zu schreiben, um zu zeigen, daß der «Caesarismus» das Glück der Völker gewesen sei, begleiteten ihn Hunderte, sogar Tausende von Franzosen. Es ging darum, eine Stadt, oder nur ein einfaches Städtchen, in die «große Geschichte» eintauchen zu lassen, sei es wegen einer Niederlage oder eines einfachen Vorbeimarsches der römischen oder gallischen Truppen! Die gelehrten Gesellschaften lebten wie in Trance. Der Kaiser entsandte Offiziere und Truppen, um die Truppenbewegungen der Legionen nachzustellen. Er veranlaßte Ausgrabungen, um die Lage der Orte zu bestimmen (insbesondere die von Gergovia und Alesia). Aus diesen Forschungen war nicht nur das von ihm signierte Werk, sondern auch die Karten und Pläne, die es illustrierten, entstanden. Von letzteren wurden ganz wenige Exemplare, die für Napoleons «Brüder und Cousins» (die gekrönten Häupter Europas), bestimmt waren, in Farbe gedruckt. Eines dieser Exemplare ist unlängst wiedergefunden worden. Der Leser wird hier einige dieser Abbildungen bewundern können. Welch wunderbarer Zufall!

Napoleon III. und seine Mitarbeiter – besonders die Gelehrten, welche die «Commission de Topographie de la Gaule» bildeten – haben ausgezeichnete Arbeit geleistet, eine Arbeit von der viele die Einzelheiten nicht kennen, da diese nicht veröffentlicht wurden. Der Objekte, die während der Grabung gefunden wurden, harrte das Schicksal, in den Magazinen der Museen gelagert zu werden, ohne jemals – oder nur selten – daraus hervorgeholt zu werden. (Sie sind freilich inzwischen von Susanne Sievers, der zweiten Direktorin der Römisch-Germanischen Kommission des Deutschen Archäologischen Instituts, die speziell die Waffen bearbeitet hat [vgl. ihren Beitrag auf S. 63 ff.] alle erneut durchgesehen worden.)

Was haben wir den Untersuchungen der Jahre um 1860 hinzuzufügen? Verschiedenes. Zunächst die Wiederaufnahme der Ausgrabungen und Untersuchungen an den beiden «symbolischen» Orten des Jahres 52 v. Chr.: Gergovia und Alesia. Vincent Guichard, Directeur de la Recherche am Centre Archéologique Européen du Mont-Beuvray, und Michel Reddé, Directeur d'Études an der École Pratique des Hautes-Études, legen uns hier das Ergebnis ihrer Arbeiten vor. Hierfür danken wir ihnen ganz besonders.

Die Luftaufnahmen haben neue Untersuchungen ermöglicht. René Goguey's Arbeiten haben neues Licht auf Alesia geworfen und wir werden sehen, welche Koinzidenz seine Prospektionen mit den neuen Ausgrabungen aufweist. Frédéric Lontcho und ich selbst haben für diese Publikation, dank Francois Besse, das Zentrum Frankreichs, das Gebiet von Sens nach Orléans, von Bourges nach Gergovia und anschließend um Alesia herum, überflogen, um einige Hypothesen zu überprüfen.

Napoleon III. verfügte nicht über diese Photographien, unsere Kartographie und noch weniger über die umfangreiche Literatur, die dem Gallischen Krieg seit anderthalb Jahrhunderten gewidmet wurde. Mit Hilfe dieser Dokumente hat einer meiner Hörer am Collège de France, Bataillonschef (ER) Henry Soulhol, seit mehreren Jahren mit einer neuen Untersuchung der Jahre 58–50 v. Chr. begonnen. Aber er hat noch mehr unternommen: er hat, zusammen mit seinem Freund Pierre Sardin, Reserveoffizier, detaillierte Prospektionen am Boden vorgenommen, die zusammen mit der Erfahrung auf militärischem Gebiet, in der Topographie und Logistik zu sehr fruchtbaren Ergebnissen geführt haben. Sie konnten mich an Ort und Stelle von der Richtigkeit ihrer Theorien überzeugen.

Diese Publikation hat aus den mündlich und schriftlich geäußerten Überlegungen von Henry Soulhol großen Nutzen gezogen. Von ihm stammen eine große Anzahl der Detailkarten. Seine Textbeiträge sind mit seinem Namen gekennzeichnet. Ich erwähne die Hinweise nicht einzeln, die ich in den anderen Texten berücksichtigt habe. Kurzum, Feder und Schwert haben sich vereinigt!

Kehren wir zum Jahr 52 v. Chr. zurück. Der Leser kann den Ablauf der Ereignisse verfolgen, d. h. «den Ablauf des Jahres». Dazwischen sind Beiträge über Gergovia, Bibracte und Alesia eingeschoben. Die Zitate aus Caesars *«De Bello Gallico»* sind am Originaltext abgeglichen und teilweise für den vorliegenden Sonderband neu übersetzt worden.

CHRISTIAN GOUDINEAU,
Professor am Collège de France

Einleitung

Während der Jahre 1870–71 lebten die Schüler und Gymnasiasten in ihren Bänken in voller Angst. Unter ihnen war auch Camille Jullian, der 30 Jahre später der große Geschichtsschreiber Galliens werden sollte. Er war damals zwölf Jahre alt und besuchte die vierte Klasse. In einem seiner Bücher ruft er seine Erinnerungen an diese Zeit wach, indem er erzählt, wie sein Geschichtslehrer, Auguste Amann, seinen Schülern die Geschehnisse lebhaft vor Augen führte. Amann war nicht nur ein ausgezeichneter Lehrer, sondern auch ein glühender Patriot und es war die Alte Geschichte – der Gallische Krieg – auf den er sich berief, um den Ablauf einer Geschichte, wie sie sich von Tag zu Tag ereignete, zu verfolgen und verständlich zu machen. Man befand sich gleichzeitig in den Jahren 1870–71 und ... im Jahr 52 v. Chr. Die Deutschen, das waren die Römer. Man kannte die gleichen Hoffnungen – Caesar / Bismarck trat in den Hintergrund – man vertraute auf charismatische Führer. Gambetta nahm die Züge von Vercingetorix an, aber das Ende war dasselbe: Paris fiel, wie einst Alesia.

Können wir uns heute vorstellen, welche Eindrücke eine solche Erfahrung bei den Kindern dieser Generation hinterlassen hat? Sicherlich nicht, es sei denn auf vage und intellektuelle Weise. Dennoch verdanken wir ihr nicht nur das Werk Camille Jullians, sondern auch die Personifikation der Tugenden der Vaterlandsliebe in Personen wie Jeanne d' Arc und Vercingetorix, aus denen die III. Republik sich anschickte, Erlöser und unglückliche Helden mit Symbolgehalt zu machen.

Aus dieser Epoche stammen mancherlei Leidenschaften, die bis heute nicht verschwunden sind. Der Krieg von 1870 hat eine Traumatisierung erzeugt, deren Auswirkungen sich auf den Bereich der Geschichte ausgedehnt haben. Die Vergangenheit wurde fortan auf andere Weise gesehen, empfunden und beschrieben.

Paradoxerweise sind in der gleichen Periode die antiken Texte am vortrefflichsten kritisch ediert, die großen Inschriften- und Münzpublikationen herausgegeben worden, und bedeutende Ausgrabungen wurden ins Werk gesetzt. Aber die Leidenschaft war nie weit entfernt. C. Jullian, selbst ein ausgezeichneter Epigraphiker und minutiös genauer Leser der antiken Texte blieb durch den Unterricht, den er in der vierten Klasse erlebt hatte, geprägt: Gallien, das war das antike Vaterland, von dem Vercingetorix eine Vision hatte, die er beinahe realisiert hätte. Aber das Schicksal wollte es nicht. *52 v. Chr., das Jahr der Entscheidung, «das schreckliche Jahr».*

Es sind jetzt ca. 2050 Jahre her, seit der Gallische Krieg, wenn nicht sein Ende (es brauchte noch ein Jahr, um den letzten Widerstand niederzuringen), so doch den Augenblick erkennen ließ, an dem vor Alesia alles ins Wanken geriet. Die Kapitulation des Vercingetorix besiegelte sowohl die Niederlage, welche die Entsatzarmee erlitten hatte, als auch die Tatsache, daß sich die Belagerten, die beinahe vor Hunger gestorben waren, ergaben. Der Senat von Rom, der einen zwanzigtägigen Bittgottesdienst bei den unsterblichen Göttern anordnete, erkannte den Sieg Caesars an. Dieser redigierte während seines Aufenthaltes im Winterquartier in Bibracte die endgültige Version des *«de Bello Gallico»*: Er zeigte auf, daß in seinen Augen die Angelegenheit erledigt war.

Dennoch, das «schreckliche Jahr» hätte ein anderes Ende nehmen können, oder es hätte überhaupt nicht enden können. Heute kennen wir das Szenario auswendig und es ist für uns schwer, die Ereignisse nachzuvollziehen und dabei zu vergessen, wie sie zu Ende gegangen sind. Gleichzeitig urteilen wir: Da Vercingetorix verloren und Caesar gesiegt hat, war letzterer besser als der erste. Wir halten den Ablauf der Ereignisse für unvermeidlich und vergessen dabei die einzelnen Episoden. Wir unterschätzen die Rolle, des Zufalls oder – wie Caesar sagen würde – die des Schicksals, der Göttin Fortuna. Wir tadeln das operative Handeln von Vercingetorix (da er verloren hat), während Caesar seinerseits aufzeigt, daß sein Sieg an einem dünnen Faden hing.

Versuchen wir den Blickwinkel zu wechseln. Unternehmen wir den Versuch, das Ende zu vergessen, um die Abfolge der Ereignisse zu begreifen. Betrachten wir Caesar und seine Legionen nicht *a priori* als unbesiegbar und Vercingetorix und die gallischen Armeen als unfähig, einer Strategie zu folgen und Disziplin zu wahren. Machen wir uns frei von den patriotischen Gefühlen: Betrachten wir diese Feldzüge so, als ob sie sich irgendwo in der Welt abgespielt hätten. Ein Krieg wie viele andere. Wir müssen vorhandene Streitkräfte, Kampfhandlungen, Truppenverschiebungen, etc. begreifen. Sagen wir uns, daß das Ende nicht unvermeidlich ist – oder mehr noch, tun wir so, als ob ... Träumen wir sogar ein wenig: ist es sicher, daß das Jahr ein schreckliches sein wird?

1

Abb. 1 Drachen-Kopf einer keltischen Schlachttrompete (sog. κάρνυξ = carnyx). Detail einer Rekonstruktion (in Abb. 28 wird das vollständige Instrument vorgestellt) nach Münzbildern (vgl. Abb. 25–27) im Musée de la Civilisation celtique du Mont Beuvray.

Caesar

Nur in einem Anfall von Megalo- oder Mythomanie, hätten wir den Ehrgeiz, ein Porträt Caesars erstellen zu wollen, d. h. von einer der außergewöhnlichsten Persönlichkeiten, von denen die Geschichte nur wenige kannte (Abb. 2). Der Vorteil, den wir haben – obwohl er bereits viele Autoren in falschen Illusionen wiegte – hängt mit dem Umstand zusammen, daß uns Caesar, im Gegensatz zu Ramses II. oder Alexander, Bücher hinterlassen hat, die (in der Theorie) seine Feldzüge in Gallien und später den Bürgerkrieg gegen Pompeius, «beschreiben».

Im Jahr 52 v. Chr. war Caesar 48 bis 49 Jahre alt. Er war zu diesem Zeitpunkt eine der herausragenden Persönlichkeiten Roms. Neben ihm waren von Gewicht nur noch Pompeius, der sechs Jahre älter war als er, und als brillantester Feldherr seiner Zeit galt, sowie Cicero, der ein enzyklopädisches Wissen und eine unglaubliche Intelligenz besaß, dazu ein außergewöhnlicher Redner und Advokat war, die höchsten Ämter des Staates verwaltete und großen Einfluß auf den Senat hatte. Dann war da noch Cato, ein Abkömmling des «großen» Cato, des Zensors (desjenigen, der ein Jahrhundert zuvor ständig wiederholte, daß Karthago zerstört werden müsse: *delenda est Carthago*). Er war ein unnachgiebiger Verteidiger der «Republik», d. h. der senatorischen Aristokratie.

Im Vergleich mit diesen Persönlichkeiten spielte Caesar lange Zeit eine untergeordnete Rolle. Seine Karriere vollzog sich offenbar in kleinen Schritten, jedoch gegliedert durch aufsehenerregende Vorfälle, Skandale, spektakuläre (und verheerende) Kundgebungen sowie Anspielungen auf seine erlauchte Abstammung (das Geschlecht der Julier betonte stets, von Venus abzustammen), oder gleichzeitig auf Marius, seinen Onkel durch Heirat, der zwar von der Mehrzahl der Senatoren gehaßt wurde, jedoch gegenüber dem Volk eine magische Aura besaß. Caesar schuf sich einen Ruf, der nach Schwefeldampf roch: Im Jahre 63 v. Chr. setzte er sich für die zum Tode verurteilten Anhänger Catilinas ein; zur gleichen Zeit, oder jedenfalls wenig später ließ er sich – dank einer Änderung des Wahlverfahrens und aufgrund einer Propagandakampagne, die seine Schulden in unermeßliche Höhen trieb – zum *pontifex maximus* wählen.

Nachdem er alle Etappen des *cursus honorum* durchlaufen hatte und mit Pompeius und Crassus (einem sehr reichen Geschäftsmann) ein informelles Bündnis geschlossen hatte, wurde er im Jahr 59 v. Chr. Consul. Nach diversen Wechselfällen übertrug ihm der Senat nach Beendigung seiner Amtszeit die Statthalterschaft über die Provinzen Gallia Cisalpina, Illyricum und schließlich über die Gallia Transalpina, deren Statthalter unvermutet gestorben war. Ein immenses Gebiet, das an so viele «barbarische» Länder angrenzte, die zu Vorstößen zu Roms und seines Statthalters Ruhm aufforderten.

Caesar hatte wahrscheinlich vorgesehen, von der Provinz Gallia Cisalpina und von Aquilea aus in Richtung Donau – einen mythischen Fluß, der von Italien durch Gebiete getrennt war, die gleichzeitig unruhig, jedoch wegen ihrer Reichtümer von Interesse waren – vorzustoßen, als ihn die Wanderung der Helvetier zwang, seine Pläne zu ändern. Noch von den früheren Wanderbewegungen schwer erschüttert (die letzte, die der Cimbern, Teutonen und Ambronen, lag nur weniger als 50 Jahre zurück und war von Marius, Caesars Onkel, beendet worden), war man in Italien auch diemal stark beunruhigt. Es mußte eingegriffen werden: so begann der Gallische Krieg.

Caesar fehlte es nicht an militärischer Erfahrung. Mit 20 Jahren war er im Stab des Statthalters der Provinz Asia in den Orient aufgebrochen und hatte eine wichtige Rolle bei der Eroberung von Mytilene (auf der Insel Lesbos) gespielt, so daß er die *corona civica* erhielt. Im Jahr 75 v. Chr. hatte er gegen die Piraten in der Ägäis gekämpft und an (scheinbar marginalen) Kampfhandlungen anläßlich der Kriege gegen Mithridates im Jahr 74 v. Chr. teilgenommen. Im Jahr 68 v. Chr. wurde Caesar mit dem Rang eines Quaestors zum Mitarbeiter des Gouverneurs von Südspanien (*Hispania ulterior*) bestellt, in einem Gebiet also, das noch durch die Nachwirkungen des Sertorius-Aufstandes erschüttert war. Nach der Praetur in Rom reiste er abermals in dieses Gebiet, dieses Mal als Provinzstatthalter. Man zählte das Jahr 61 v. Chr. Caesar hatte großen Erfolg, nicht nur in seiner Eigenschaft als Statthalter, sondern auch als Oberbefehlshaber, indem er Widerstandsnester beseitigen konnte. Von seinen Soldaten wurde er als *imperator* akklamiert. In Vorwegnahme seiner künftigen Überquerungen des Ärmelkanals hatte er in Gades (Cadix) Truppen eingeschifft, Galicien erreicht und war in La Coruña gelandet! Sein Ruf war gefestigt: zu seinen strategischen und organisatorischen Fähigkeiten gesellte sich seine persönliche Tapferkeit – der Oberbefehlshaber ging mit gutem Beispiel voran. Die großen Generäle unserer Zeit, allen voran Napoleon I., zögerten nicht, obwohl sie Caesar diesen oder jenen Fehler ankreideten, ihm auf militärischem Gebiet schlicht und einfach geniales Vorgehen zu attestieren.

Aber worauf stützt man sich bei der Beurteilung der großen militärischen Leistungen Caesars, vor allem jener während des Gallischen Krieges? Auf die Schriften, die er selbst verfaßt hat. Abweichende Standpunkte sind sicherlich ausgedrückt worden, besonders der von Asinius Pollio, den möglicherweise der große Historiker Titus-Livius übernahm. Uns ist jedoch nichts davon erhalten geblieben. Die späteren Historiker berichteten zwei oder drei Jahrhunderte nach den Ereignissen erneut über den Gallischen Krieg im Stil ihrer Zeit, und man kann aus ihren Berichten nichts Glaubwürdiges oder Interessantes gewinnen.

Soll man also nun Caesar vertrauen oder nicht, vor allem was dieses Jahr 52 v. Chr. anbetrifft, das für ihn so viele Risiken beinhaltete? Die Antwort enthält verschiedene Aspekte. Der erste: Was man auch glauben mag über die Art und Weise, wie die *Commentarii* verfaßt wurden (in mehreren Etappen, alle Jahre oder alle zwei Jahre, was ich nicht glaube, oder auf einmal, indem vorher verfaßte Dokumente überarbeitet wurden, was ich glaube), so handelt es sich hier um das VII. Buch, das letzte, das Caesar selbst

***Abb. 2** Silberdenar mit der Büste Caesars aus dem Jahr 43 v. Chr. (Sammlung Danicourt, Péronne).*

2

redigiert hat; und da besteht kein Zweifel, daß es unmittelbar nach den Ereignissen im Winterquartier in Bibracte niedergeschrieben worden ist. Die Eindrücke waren noch ganz frisch. Vercingetorix wurde vermutlich ganz in der Nähe gefangen gehalten. In jedem Fall fehlte es keineswegs an gallischen Zeugen, ob sie nun Gefangene waren oder nicht.

Zum anderen sollten wir nicht vergessen, daß wir uns im Jahr 52 v. Chr. befinden. Das Triumvirat Pompeius-Crassus-Caesar war zerbrochen. Crassus war tot und Pompeius dachte nur an seine eigenen Interessen. Der Stand der Senatoren war Caesar, dessen ehrgeizige Pläne sie fürchteten, mehrheitlich feindlich gesinnt. Caesar war freilich von Vertretern dieser *nobilitas* umgeben. Sein bester Offizier, Labienus, war mit Pompeius verbunden (dem er sich während des Bürgerkrieges wieder anschloß). Kuriere brachten regelmäßig alle zwei Wochen die neuesten Nachrichten nach Rom und umgekehrt informierten sie ihre Adressaten in Bourges, Gergovia oder Alesia. Kurzum, Caesar konnte nicht «schwindeln» aus Angst vor bissigen Gegendarstellungen, die im Senat in Rom vorgetragen worden wären.

Folglich wird man die Geschehnisse, in welche die Legionen verwickelt waren, ihre Verschiebungen, Belagerungen und Kämpfe, nicht bestreiten. Was die Ursachen und Ergebnisse, als auch die Gesamtinterpretation der Ereignisse anbetrifft, ist dies eine andere Sache. Der General sieht mit anderen Augen als der Soldat, und der Autor, *a posteriori*, übertrifft den General, besonders, wenn der Autor vom General in der dritten Person Einzahl spricht, obwohl beide ein und dieselbe Person sind, nämlich Caesar. Geben wir es zu: dieses Vorgehen war ebenfalls ein «Geniestreich».

Vercingetorix

Seit dem letzten Jahrhundert ist Vercingetorix ein Held der historischen Romane, der einschlägigen Theaterstücke, der Opern und Bücher gewesen. Er ist auf Stichen und Gemälden dargestellt worden und sehr oft wurde er als Statue abgebildet. Viele von uns betrachten ihn unbewußt als eine vertraute Person: jung, groß, athletisch, natürlich langhaarig und mit einem Schnurrbart, furchtlos und tapfer. Auf welchen Elementen basiert dieses Porträt? Genau genommen auf ... keinen!

Als Caesar zum ersten Mal seinen Namen nennt, weist er in einem Nebensatz darauf hin, daß Vercingetorix *adulescens* ist (BG. VII 4,1). Dieses Wort bedeutet jedoch nicht «Heranwachsender», was die wörtliche Ableitung wäre. In der politischen Sprache Roms bezeichnet dieser Ausdruck das Alter vor der Ausübung der Magistraturen, das 30. Altersjahr. In diesem Sinn gebraucht Caesar im *Bellum Gallicum* den Begriff für zwei seiner Genossen, Publius Crassus und Decimus Brutus, die 27–28 Jahre alt waren. Vercingetorix ist deshalb kein junger Mann von 17–18 Jahren, er nähert sich wahrscheinlich dem 30. Altersjahr. Aus seiner Vergangenheit ist nichts – zumindest nicht durch Caesar – bekannt. Ein jüngerer Historiker, Dio Cassius, gibt an, daß Vercingetorix anläßlich seiner Kapitulation in Alesia Caesar um Gnade bat, indem er sich auf «ihre frühere Freundschaft» berief. Diese Bemerkung ist nicht unglaubwürdig. Denn Vercingetorix gehörte zu den gallischen Führern – oder zu deren Söhnen – die Caesar während seiner Feldzüge begleiteten, entweder an der Spitze von Hilfstruppen, oder im näheren Umkreis des Generals, mitten unter denjenigen, die man die *contubernales* (im wörtlichen Sinn «Zeltgenossen») nannte. Es handelte sich um junge Leute ohne genaue Aufgaben, die aus dem Adel Roms oder Galliens stammten. Sie waren zu Caesar gekommen, um sich ausbilden zu lassen und verschiedene Dienste zu leisten. Das überzeugendste Argument zugunsten dieser Hypothese liegt in der Vertrautheit, die Vercingetorix mit der «Kriegführung nach römischer Art» zeigt. Er schreibt seinen Truppen Strategien und neue Taktiken vor, die eine lange Erfahrung bezeugen, die sich offensichtlich während der Teilnahme an den Feldzügen Caesars herausgebildet hatte. Solche Dinge lassen sich nicht erfinden. Der Führer der Arverner war einer von denen, die Caesar Ende des Jahres 53 v. Chr., verließen, um sich gegen ihn zu erheben. Damit wird die herkömmliche Vorstellung, die Vercingetorix mit Jeanne d' Arc vergleicht, richtig gestellt: ein ganz junger Mann, der eine «Berufung» erhält (von wem?) greift zu den Waffen und hebt Patrioten aus, um «den Feind aus dem Königreich zu vertreiben», wobei er dank seiner ihm angeborenen Tapferkeit und seiner antrainierten Fähigkeit unglaubliche militärische Taten vollbringt.

3

In Wirklichkeit bietet Vercingetorix den besten Beleg für jenes politische Phänomen, welches das Gleichgewicht zahlreicher gallischer Stämme durcheinander brachte: die Macht geht in andere Hände über, entweder durch normale institutionelle Vorgänge, oder durch Staatsstreiche (wenn man Caesar glaubt, sind sie offensichtlich von leichtfertigen Ehrgeizigen angezettelt worden, die von einem Haufen Räuber und Landstreicher unterstützt wurden). Die aristokratischen Führungen wurden aufgrund ihres heimlichen Einverständnisses mit Rom in Frage gestellt. Das ehemalige Königtum trat wieder in Erscheinung. Vercingetorix, eine herausragende Persönlichkeit bei den Arvernen, verfügte über Tausende von Klienten, deren Schicksal mit dem seinen verbunden war. Es war zweifellos nicht schwierig für ihn, die Macht zu ergreifen, da er von der Mehrzahl der «bewaffneten Kämpfer» unterstützt wurde. Ebenso verhielt es sich bei den anderen Stämmen – schließlich auch bei den Häduern.

Muß man die «Führungsrolle», die Vercingetorix zuerkannt wurde, dem alten Prestige der Arverner und ihrer fast vollständig bewahrten Macht zurechnen? Oder ist sie eher auf seine persönlichen Qualitäten zurückzuführen? Seien wir nicht naiv: die Kräfteverhältnisse haben notgedrungen die wichtigste Rolle gespielt. Aber Vercingetorix wäre sicherlich nicht als «Oberbefehlshaber» akzeptiert worden, wenn man ihm nicht die dazu passenden Fähigkeiten zugetraut hätte. Der Bericht Caesars nennt alle Erschwernisse, die der Anführer der Averner von

4

Abb. 3 Imitation des Staters von Philipp II. von Makedonien mit dem Kopf des Apollo (Sammlung Danicourt, Péronne).

Abb. 4 Idealporträt des Vercingetorix nach dem Modell des Apollo-Kopfes auf den Imitationen des Staters von Philipp II. (vgl. das Exemplar in Abb. 3). Die Umschrift scheint den Dargestellten als Vercingetorix zu bezeichnen (Musée des Antiquités Nationales).

seiten seiner Verbündeten antraf. Im Gegenzug «wertet» Caesar Vercingetorix notgedrungen auf, wenn er die Schwierigkeiten beschreibt, die sich diesem im Laufe des Jahres 52 v. Chr. entgegenstellten: Caesar konnte seinen größten Gegner nicht in Mißkredit bringen, ohne sich selbst herabzusetzen. Diese «Aufwertung» hatte jedoch ihre Grenzen, denn es gab Tausende von italischen und römischen Zeugen. Wenn – wie ein gewisser Historiker geschrieben hat – Vercingetorix nur ein vom Procunsul aufgeblasener Popanz gewesen wäre, so wäre dies zweifellos berichtet und kommentiert worden.

Es handelt sich also um einen Aristokraten von hohem Rang, reich und mächtig, der Caesar während mehrerer Jahre begleitet hat und der nahezu das 30. Altersjahr erreicht hatte. Über seine Körpergestalt wissen wir nichts. Viel später beschrieb man ihn als sehr groß und furchterregend (was man lange Zeit über die Gallier geschrieben hatte).

Aber, wird man sagen, da sind die Münzen, die berühmten Goldstatere, von denen man wunderbarerweise mehr als 20 Exemplare gefunden hat und die eine Legende tragen mit Bezug auf das Oberhaupt der Arverner! Tragen sie nicht sein Porträt? Auch hier zögert man: Alle gallischen Statere mit Abbildung eines Kopfes auf dem Avers hängen vom Bildnis Apollos ab, das auf den Stateren Philipps II. von Makedonien figuriert. Vercingetorix oder Apollo? Oder Vercingetorix idealisiert mit den klassischen Zügen Apollos? Verschiedene Argumente stehen einander gegenüber: Einige Münzen zeigen einen behelmten Kopf – folglich kann dieser nicht Apollo darstellen! Jedoch, wenn es sich um Vercingetorix handelt, warum hat er dann von Fall zu Fall eine andere Haartracht und andere Gesichtszüge, wenn diese Münzen im Verlauf von ein paar Monaten geprägt worden sind?

Es bleiben somit manche Unklarheiten bestehen – aber es wäre ein Irrtum, sie als bedeutende Mysterien anzusehen.

Am Ende des Jahres 53 v. Chr.: Die Ausgangslage

Es sind bereits sechs Jahre vergangen. Es war im Jahr 58 v. Chr. als Caesar, Gouverneur der *Gallia Cisalpina* (Norditalien) und *Gallia Transalpina* (von Südfrankreich bis nach Toulouse) seine ersten Expeditionen ins innere Gallien führte. Anlaß war, dem großen Vorstoß der Helvetier vom Schweizer Mittelland aus, der diese in die Saintogne führen sollte, entgegenzutreten und dem Hegemoniebestreben des Germanenführers Ariovist, der sich des Elsaßes sowie eines großen Teiles der Franche-Comté bemächtigt hatte, ein Ende zu bereiten. Caesar hatte auf Bitte der treuen Verbündeten Roms, der Häduer, sowie anderer Volksstämme, die sich vor der germanischen Bedrohung fürchteten, eingegriffen. Die Helvetier und die Germanen wurden vernichtet, doch Caesar verließ Gallien nicht. Ein Feldzug folgte dem anderen. Immer mehr Legionäre standen unter seinem Befehl. Gallische Hilfstruppen boten Unterstützung und stellten vor allem die Kavallerie. Die Hilfstruppen stammten aus den großen an die römische Provinz angrenzenden Stämmen, mit denen Rom schon seit langer Zeit Handel trieb (Abb. 6. 7). Der Gallische Krieg verfolgte, wie viele Unternehmungen dieser Zeit, ökonomische Ziele: Beute und Gefangene machen, die man anschließend als Sklaven verkaufen konnte, sowie die Erschließung neuer Märkte für italische Händler. Caesar bereicherte sich, seine gallischen Verbündeten kontrollierten neue Gebiete, die bis dahin unabhängig gewesen waren: den Norden, den Westen und den Südwesten.

Darüber hinaus eröffneten sich den Römern an den Grenzen Galliens noch weitere unermeßlich große Regionen, die durch natürliche Grenzen geschützt waren, die bislang noch niemand überwunden hatte: Germanien, jenseits des Rheines, und Britannien (England), jenseits des Ozeans (des Ärmel-Kanals). Über diese legendären Grenzen vorzustoßen, war den Taten Alexander des Großen vergleichbar: neue Territorien zu erobern und in die Welt der Mythen einzutreten.

Caesar hat sowohl zweimal den Rhein überquert, als auch den römischen Adler nach Britannien getragen; Unternehmungen von geradezu utopischem Charakter und als solche in Rom begrüßt. Er hat über die gallischen Stämme im Osten, Norden und Westen überwältigende Siege errungen. Und dennoch hat sich eine Form von «Résistence» zu erheben begonnen. Sie manifestierte sich in doppelter Hinsicht: zunächst auf militärischer Ebene: einige belgische Stämme (im Nordosten), die eigentlich schon besiegt waren, führten einen Guerilla-Krieg, durch den es ihnen gelang, im Winter 54–53 v. Chr. anderthalb Legionen zu vernichten.

Der Widerstand entstand ebenso auf

5a

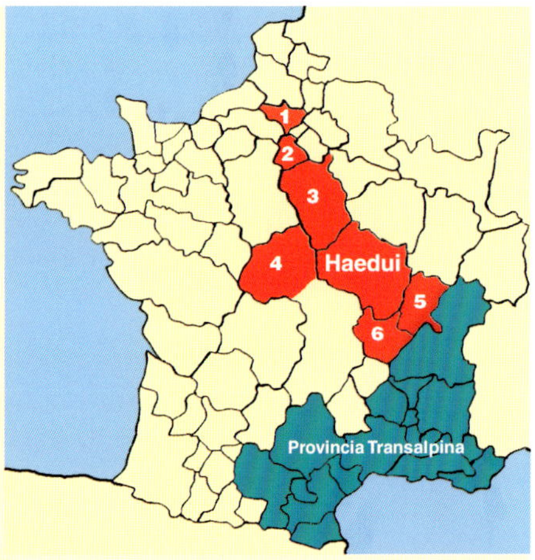

5b

***Abb. 5a** Karte der frühgeschichtlichen Völker am Vorabend der Eroberung. (Ausführung S. Fichtl)*

***Abb. 5b** In Rot: die Stämme der Confoederation der Häduer; Grün: die römische Provinz Gallia Transalpina. 1. Bellovaci; 2. Parisii; 3. Senones; 4. Bituriges; 5. Ambarri; 6. Segusiavi.*

politischer Ebene: Die Verbündeten Caesars bisher regiert von pro-römischen Ratsversammlungen und Beamten, bemerkten, daß diese Instanzen zu zögern begannen. In Kürze würden sie stürzen und die «Gegner Roms» würden die Macht erlangen. Wie kam es dazu? Dies läßt sich nur erahnen. Es handelte sich weniger um eine durchsichtige Entwicklung der Kräfteverhältnisse, als um eine einfache Feststellung: Die Grenze des Tolerierbaren war überschritten worden. Caesar, als Verbündeter nach Gallien gekommen, verhielt sich wie ein Diktator, indem er sich in die innere Politik der Stämme einmischte, Leute ernannte, absetzte, verurteilte oder töten ließ. Ferner verhöhnte er die von den Vorfahren stammenden Verhaltensmuster der Einheimischen, indem er die Werte seiner Verbündeten nicht anerkannte. Ein Führer der Häduer (Dumnorix) sowie ein Führer der Senonen (Acco) und viele andere wurden getötet, ja sogar qualvoll hingerichtet, was allgemein römischem Vorgehen entsprach.

Caesar ahnte nichts von dem sich abzeichnenden Ausbruch der Gewalt. Im Herbst 53 v. Chr. hatte er Gallien verlassen, um in die Provinz *Gallia Cisalpina* (Norditalien) zurückzukehren. Das Jahr 53 v. Chr. war relativ ruhig gewesen. Die Unabhängigkeitsbestrebungen der Senonen und Carnuten konnte Caesar mit Leichtigkeit bezwingen. Sein Kommandeur Labienus hatte die Treverer zur Vernunft gebracht. Eine Abschreckungsexpedition führte die römische Armee ein weiteres Mal über den Rhein, in das Land der Germanen. Selbst als das Lager des Quintus Cicero (der Bruder des berühmten Redners), der damit beauftragt war, das Gepäck der gesamten Armee zu beaufsichtigen, heftig bedroht wurde, war Caesar rechtzeitig zurückgekommen und man konnte sich vorstellen, daß die Germanen, die wieder einmal mehr besiegt worden waren, von ihren Mißerfolgen ermattet, von weiteren Einmischungen absehen würden. Kurzum, Gallien war ruhig. Es genügte, die Legionen in der Nähe der Regionen, in denen die Unruhen erneut entstehen konnten (im Nordosten), zu stationieren:

BG VI 44,3: *«(Caesar) verteilte seine Legionen in die Winterquartiere, zwei an die Grenze des Gebietes der Treverer, zwei ins Gebiet der Lingonen und die sechs übrigen ins Gebiet der Senonen nach Agedincum. Nachdem er sie mit Getreide versorgt hatte, brach er, wie er vorgesehen hatte, nach Italien auf, um dort Gerichtstage abzuhalten.»*

6

7

Abb. 6 ***Ladung von Weinamphoren im Wrack in der Madrague de Giens. (Photo Centre C. Jullian)***

Abb. 7 ***Silberner Kantharos aus italischer Fabrikation, der in einem der Gräben vor Alesia gefunden wurde.***

Dies war eine Fehldiagnose. Denn nicht aus dem Nordosten sollte die Gefahr entstehen, sondern aus der Mitte Galliens, dort wo Caesar glaubte, treue Verbündete zu besitzen.

Seit Beginn des Krieges hatte sich Rom auf die Häduer im Burgund und im Morvan sowie auf deren weitreichenden Bund mit den Segusiavern, Ambarren, Bituriges Cubi, Senonen, Parisii und Bellovacern gestützt (Abb. 5a.b). Aber alle an die römische Provinz grenzenden Stämme hatten, freiwillig oder gezwungenermaßen, die Legionen unterstützt und sie mit Hilfstruppen und Lebensmitteln versorgt. Unter diesen waren auch die Arverner, die Rom im Jahr 121 v. Chr. besiegt hatte, und die sich den Bedingungen des Siegers hatten unterwerfen müssen. Weitere «große» Stämme waren gezwungen worden, in die Reihe zu treten: Die Sequaner in der Franche-Comté, die Carnuten in der Beauce, die Lemovicer aus dem Limousin, die Santonen aus der Saintogne, die Pictonen aus dem Poitou, etc. Caesar wußte, daß er sowohl durch das Zusammenspiel der Allianzen als auch durch die Präsenz seiner Legionen das gesamte Zentrum Galliens in Besitz hatte und den periodischen Aufständen der «kleinen» Stämme im Nord-Osten, welche die Trevirer (sie selbst ein «großer» Stamm) anstifteten, oder den Aufständen der Stämme im Westen, in der Armorica, die in Wirklichkeit viel ruhiger waren, leicht entgegentreten konnte.

Was sich jedoch Anfang 52 v. Chr. ereignete und im Laufe der Monate entwickelte, stellt ein vollkommen anderes Szenario dar: die Verbündeten wurden, einer nach dem anderen, von wenigen Ausnahmen abgesehen, abtrünnig und zum ersten Mal seit Beginn der Kampfhandlungen befand sich Caesar allein nur an der Spitze seiner Legionen, ohne gallische Hilfstruppen, ohne Kavallerie, ohne eine organisierte Lebensmittelversorgung, in einem ihm feindlich gesinnten Land. Es war vorauszusehen, daß er verlieren würde.

Verfolgen wir den Gang der Ereignisse weiter. Aus verschiedenen Gründen ein schwieriges Unterfangen. Zunächst einmal nennt Caesar keine Daten. Er gibt lediglich Hinweise darauf, wieviele Tage eine bestimmte Wegstrecke oder wieviele Wochen eine bestimmte Belagerung in Anspruch genommen hat. Zum anderen, weil die Lokalisierung bestimmter Orte selbst Gegenstand der Diskussionen gewesen ist oder es noch heute ist. Es handelt sich hierbei weder um Orte wie Alesia, noch um Gergovia, für die derart ausreichende archäologische Zeugnisse vorliegen, daß man die Lokalisierung als gesichert annehmen darf. Nur im Falle von *Noviodunum* gibt es noch immer ungeklärte Fragen.

Wir nehmen in diesem Sonderheft eine bestimmte Stellung ein. Sie beruht auf der Annahme, daß Gallien bereits vor der römischen Eroberung ein mit Wegen durchzogenes zivilisiertes Land war. Wege, die den römischen Legionen eine bequeme Fortbewegung ermöglichten. Dieses Wegenetz sollte einige Zeit später von der römischen Verwaltung ausgebaut und in römischen Meilen oder in gallischen Leugen vermessen werden (letztere stellten ein Andenken an die alten Traditionen dar). Wir sind daher der Meinung, daß die römischen Straßen, zumindest teilweise, die ehemaligen Wegführungen der Gallier wiederaufgenommen haben und von den Truppen Caesars oder von denen des Vercingetorix benutzt wurden.

Die von uns vorgeschlagene Chronologie beruht, mangels genauer Angaben, auf den wenigen Anhaltspunkten, die Caesar gibt, sowie auf einer Schätzung, die man für die Truppenbewegungen der Legionen am wahrscheinlichsten hält: 20 bis 25 km pro Tag mit einer Pause nach jedem fünften Tag, wobei Ausnahmezustände diesen Rhythmus außer Kraft setzen konnten. Es ist folglich mit einem Näherungswert von plus oder minus 1–2 Wochen zu rechnen. Das Jahr, das für uns von Interesse ist, liegt vor der Zeit der Kalenderreform, die Caesar 46 v. Chr. vorgenommen hat und die 45 v. Chr. in Kraft trat. Mit ihr wurde der «Julianische Kalender» ins Leben gerufen, unter dessen Zeitrechnung wir noch immer leben. Papst Gregor XIII. hat ihm nur einige Korrekturen hinzugefügt. Vor dieser Reform umfaßte das römische Jahr nur 353 Tage. Um den Wechsel der Jahreszeiten sowie die astronomischen Bewegungen zu berücksichtigen, war es notwendig, alle 2 Jahre 22 oder alternativ hierzu 23 Tage hinzuzufügen. Diese wurden nach dem 23. Februar eingeschoben, wobei andere Dispositionen mit längeren Intervallen voraussehbar waren. Eine kopfzerbrechende Arbeit! Im Jahr 52 v. Chr. wurde tatsächlich ein Monat von 23 Tagen hinzugefügt.

Um den Ereignissen zusammenhängend folgen zu können, tun wir so, als ob die Reform bereits stattgefunden hätte. Die Monatszählung erfolgt also wie in unserem gegenwärtigen Kalender.

Ende 53 v. Chr. – Anfang 52 v. Chr.

Caesar hielt sich in Norditalien, in der Provinz Gallia Cisalpina, deren Statthalter er war, auf. Er kann die südlichen Grenzen nicht überschreiten, um sich z. B. nach Rom zu begeben. Dies hindert ihn jedoch nicht daran, Kontakte zu knüpfen, einflußreiche Männer zu empfangen und Boten in die Hauptstadt zu entsenden. Denn die Lage ist ernst.

Im Jahre 60 (acht Jahre zuvor) hatte Caesar mit zwei Männern höchsten Ranges, dem General Pompeius, der auf dem Gipfel seines Ruhmes stand, Sieger über Mithridates und Friedensstifter im Orient sowie Crassus, einem sehr reichen Geschäftsmann, dessen Reichtum ihn zu den höchsten Staatsämtern geführt hatte, ein Bündnis (inoffiziell) geschlossen. Diese drei Männer verfolgten das Ziel, ihre Mittel und vor allem ihre einflußreichen Verbindungen zu vereinen, um ihre Interessen bestmöglichst wahrnehmen zu können, auch wenn sie dabei manchmal die üblichen Rechtswege, z. B. die Legalität verlassen mußten. Dieses «Triumvirat» hatte ausgezeichnet funktioniert. Die Tochter Caesars, Julia, hatte Pompeius geheiratet, um die Verbindung der beiden Männer zu bekräftigen. Crassus hatte, dank der Unterstützung durch Caesar und Pompeius, das Konsulat erhalten und bekam anschließend die Statthalterschaft über Syrien übertragen, was ihm erlaubte, sich einen langersehnten Traum zu erfüllen, nämlich einen Krieg zu beginnen und einen Ruhm zu erwerben, der dem seiner beiden Verbündeten gleichkam. Innerhalb von zwei Jahren brach jedoch alles zusammen. Im Jahr 54 v. Chr. starb Julia, die Tochter Caesars und Frau des Pompeius, im Wochenbett, und das Kind überlebte nicht. Schwiegervater und Schwiegersohn entzweiten sich über der Frage nach Art und Ort der Bestattung. Im folgenden Jahr, 53 v. Chr., wurden die Legionen des Crassus von den Parthern vernichtet. Es gab 20 000 Tote, die römischen Adler (d. h. die Insignien der Legionen) fielen in die Hände der Feinde und der Kopf von Crassus wurde im Triumph nach Seleucia gebracht.

In Rom war man, von dieser Katastrophe erschüttert, nicht weit von der Anarchie entfernt. Rivalisierende Banden lieferten sich Straßenschlachten, Tumulte brachen aus und die Wahlen konnten nicht organisiert werden. Zwei Männer standen einander gegenüber – Milo und Clodius. Letzterer wurde von den Männern des ersteren am 20. Januar nach der «offiziellen» Kalenderzählung (Ende Dezember nach der «korrigierten» Zählung) getötet. Der Senat verlieh an Pompeius die volle Machtbefugnis und beauftragt ihn, *«über das Wohl der Republik zu wachen»*, d. h. die Ordnung mit allen Mitteln wiederherzustellen.

Caesar erfuhr, daß in Gallien eine allgemeine Erhebung drohe. Zu Beginn von Kapitel VII des *Gallischen Krieges* stellt er einen direkten Bezug zwischen den Vorgängen, die sich in Rom ereigneten, und der Revolte her:

BG VII 1,2 ff.: *«Diese Tatsachen drangen schnell in das transalpinische Gallien. Die Gallier schmückten die Gerüchte aus und erfanden noch hinzu, was ihnen aus dieser Situation zwingend hervorzugehen schien: Caesar werde durch Unruhen in der Hauptstadt aufgehalten und könne angesichts so großer Auseinandersetzungen nicht zum Heer kommen. Durch diese Umstände angetrieben, begannen diejenigen, welche schon vorher ihre Unterwerfung unter die Herrschaft des römischen Staates bitter empfanden, ungehemmter und verwegener Kriegspläne ins Auge zu fassen. Die führenden Männer Galliens setzten untereinander Versammlungen an und beklagten an entlegenen Orten in Wäldern den Tod Accos und wiesen darauf hin, daß dieser Schicksalsschlag auch sie selbst treffen könne. Sie klagten über das gemeinsame Unglück Galliens. Gleichzeitig forderten sie mit Versprechungen und Belohnungen aller Art dringend dazu auf, den Krieg zu beginnen und für Gallien*

Abb. 8 Die Verteidigung Galliens durch Vercingetorix. Gemälde von Théodore Chassériau (1855). Musée des Beaux-Arts von Clermont-Ferrand.

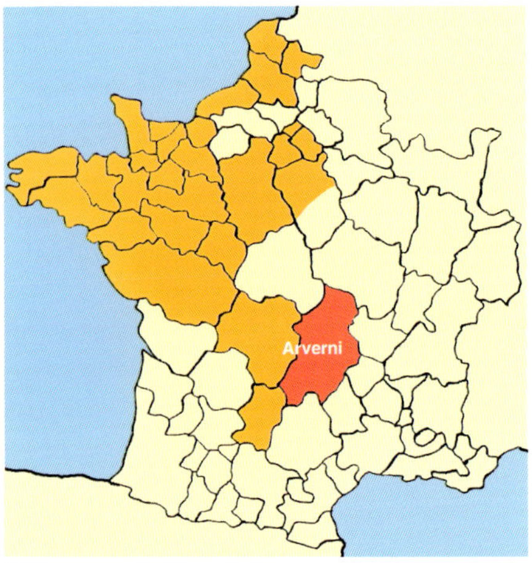

9

selbst unter Lebensgefahr die Freiheit wiederzugewinnen. Sie erklärten, daß man besonders darauf achten müsse, daß diese Sache zum Tragen komme, bevor ihre geheimen Pläne an die Öffentlichkeit drängen, damit Caesar vom Heer abgeschnitten würde. Das sei leicht zu bewerkstelligen, da die Legionen in Abwesenheit des Oberbefehlshabers nicht aus ihren Winterlagern auszurücken wagten. Andererseits könne der Feldherr selbst nicht ohne militärischen Schutz zu den Legionen gelangen. Schließlich sei es besser, auf dem Schlachtfeld zu sterben, als den alten Kriegsruhm und die Freiheit, die sie von den Ahnen übernommen hätten, nicht wiederzugewinnen. Nachdem man diese Angelegenheit immer wieder durchgesprochen hatte, erklärten die Carnuten, sie scheuten keine Gefahr, wenn es um das gemeinsame Wohlbefinden aller gehe, und versprachen, als erste von allen in den Krieg einzutreten. Da sie sich gegenwärtig nicht untereinander Geiseln als Sicherheit geben könnten, ohne ihr Vorhaben bekannt werden zu lassen, baten sie darum, durch einen feierlichen Eid, nachdem die Feldzeichen zusammengetragen worden waren, durch welche Sitte eine Zeremonie die höchste Weihe erhält, zu bekräftigen, daß die übrigen sie nicht im Stich ließen, wenn sie den Krieg angefangen hätten. Nachdem die Carnuten hoch gepriesen worden waren und von allen, die anwesend waren, der Eid geleistet worden war, wurde auch der Zeitpunkt der Unternehmung festgelegt und die Versammlung ging auseinander.»

Diese Zeilen müssen jedoch mit großer Skepsis gelesen werden. Zunächst kann man bezweifeln, daß der Mord an Clodius auf die Führer Galliens solch einen Einfluß ausgeübt haben sollte, daß sie sich erhoben. Vor allem enthält die Beschreibung dieses Ereignisses alle «klassischen» Elemente einer Verschwörung: *«Versammlungen an entlegenen Orten mitten in den Wäldern»* (warum?) bis hin zum Schwur des Eides am Schluß: *«durch einen feierlichen Eid vor den zu*

10a

10b

11a

11b

12a

12b

***Abb. 9** In Ocker dargestellt, die ersten Verbündeten von Vercingetorix. Im weiteren sind hier die Münzprägungen einiger dieser Stämme dargestellt.*

***Abb. 10a.b** Münze des Stammes der Unelli.*

***Abb. 11a.b** Münze des Stammes der Coriosolites.*

***Abb. 12a.b** Münze des Stammes der Osismi.*

***Abb. 13a.b** Münze des Stammes der Aulerci Cenomani.*

***Abb. 14a.b** Münze des Stammes der Aulerci Diablintes.*

***Abb. 15a.b** Münze des Stammes der Aulerci Eburovices.*

***Abb. 16a.b** Münze des Stammes der Parisii.*

***Abb. 17a.b** Münze des Stammes der Carnutes.*

einem Bund vereinigten Feldzeichen». Genau so hat Sallust die Anfänge der Verschwörung Catilinas geschildert, deren erste Handlung *«auf dem Kapitol die neuen Konsuln umzubringen»* war.

Wie dem auch sei, die Carnuten brachten in Orléans *«die römischen Bürger um, die sich dort zu Handelszwecken niedergelassen hatten».* Man weiß nicht zu welchem Zeitpunkt diese Ereignisse stattfanden. Wenn man der von Caesar vorgeschlagenen Chronologie Glauben schenken kann, ist Clodius Ende Dezember getötet worden, das Blutbad in Orléans konnte frühestens eine gehörige Zeit später, d. h. im Laufe des Januar stattgefunden haben. Aber ist es nicht so, daß Caesar die Ereignisse in Rom nur vorgibt, um sich selbst zu rehabilitieren und um sich der eigenen Verantwortung gegenüber der sich anbahnenden allgemeinen Erhebung geschickt zu entziehen? Diese Geschehnisse fanden mit großer Wahrscheinlichkeit Ende Herbst oder zu Beginn des Winters 53 v. Chr. statt. Ebenso verhält es sich mit dem Staatsstreich des Vercingetorix, der währenddessen bei den Arvernern in Gergovia die Macht an sich riß (Abb. 8).

Von Rom im Jahre 121 v. Chr. besiegt, haben die Arverner ihre Unabhängigkeit behalten, jedoch einen Vertrag unterzeichnet, in dem Rom die Bedingungen diktierte. Damals mußten sie ohne Zweifel die Monarchie zugunsten eines aristokratischen Regimes aufgeben. Die Vormachtstellung, die sie einst genossen (sie waren die großen Rivalen der Häduer, der Verbündeten Roms, gewesen), hatten sie plötzlich verloren. An der Spitze ihres Volkes befanden sich nun ein proromisch gesinnter Senat und ein Magistrat, namentlich der Onkel des Vercingetorix, namens Gobannitio. Durch eine Andeutung Caesars wissen wir, daß der eigene Vater von Vercingetorix, Celtill, versucht hatte, das Königtum wiederherzustellen und dabei von seinen Stammesgenossen getötet worden war. Hier zeigt sich klar die Situation, in der sich die zahlreichen Stämme Galliens (Abb. 9) befanden: zwei Parteien stehen einander gegenüber. Die eine befürwortete ein aristokratisches Regime, die Allianz mit Rom und den Beginn ökonomischer Beziehungen. Die andere Partei, bisher in der Minderheit, träumte davon, die alte Regierungsform, das Königtum, und die Unabhängigkeit, sogar die Rückkehr zu den Werten der Vorväter wiederzuerlangen. In jeder Familie konnte diese Kluft vorhanden sein, Brüder, Onkel und Neffen standen einander gegenüber. Aber diese Situation ist auch eine Absicherung gegen allfällig mögliche Umwälzungen.

13a

13b

14a

14b

15a

15b

16a

16b

17a

17b

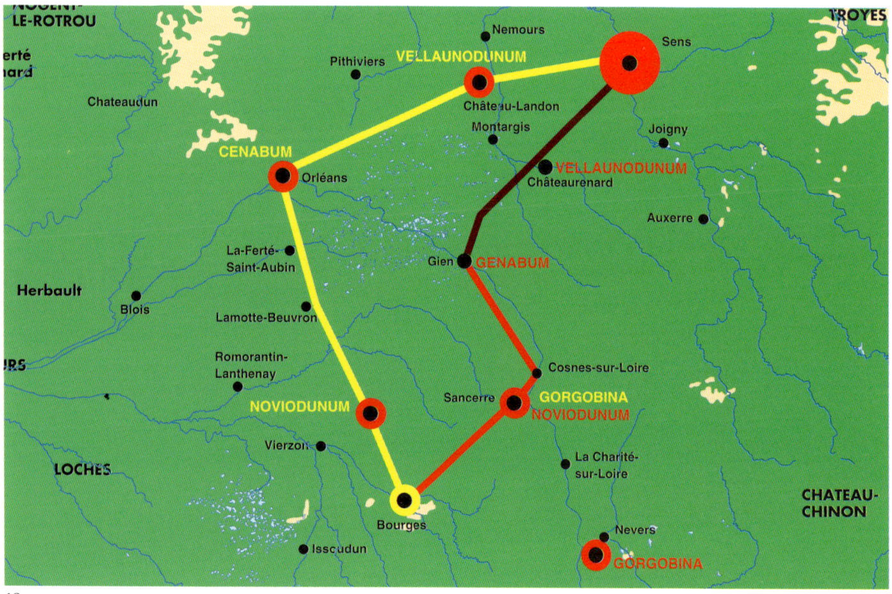

18

Im vorliegenden Fall stellt sich also der Neffe gegen den Onkel. Bei der Beschreibung des Staatsstreiches nimmt Caesar die gewohnten Klischees wieder auf (Vercingetorix *«hob Habenichtse und anderes Gesindel aus»*), er unterschlug jedoch die «nationalistischen» Appelle keineswegs: man greift zu den Waffen *«für die Freiheit Galliens»*. Wundern wir uns nicht darüber: die römischen Leser konnten angesichts solcher Ansprüche nur Mitleid empfinden, sie, die überzeugt waren, daß die Vorsehung sie dazu auserkoren hatte, die Welt zu regieren.

Vercingetorix hatte Erfolg bei seiner Unternehmung: *«Seine Anhänger proklamierten ihn zum König. Er schickte zu allen Stämmen und beschwor sie, dem geleisteten Eid treu zu bleiben. Es gelang ihm schnell, die Senonen, Parisii, Pictonen, Cadurcer, Turonen, Aulercer, Lemovicern, Anden und alle übrigen Stämme, die an den Ozean grenzen, zum Anschluß zu bewegen. Einstimmig wurde ihm der Oberbefehl übertragen.»*

Vercingetorix organisierte sich: *«Er verlangte von allen Stämmen die Stellung von Geiseln und befahl, daß ihm ohne Verzug eine bestimmte Anzahl Soldaten zugeführt würde. Gleichzeitig setzte er fest, wie viele Waffen jeder Stamm in seinem Gebiet herstellen sollte und bis zu welchem Termin. Er legte besonderes Gewicht auf die Kavallerie. Zur größten Aktivität fügte er eine extreme Strenge der Befehlsgewalt hinzu. Die harten Strafen stellten die Einheit unter denen, welche zögerten, wieder her»*.

Nachdem er diese Anordnungen vorgenommen und beendet hatte, führte er zwei militärische Operationen durch: *«[er] schickte den Cadurcer Lucterius … ins Gebiet der Rutener,* (die im Kontakt mit der römischen Provinz standen) … *Er selbst setzte sich ins Land der Biturigen in Marsch.»* Sein Ziel war es, gleichzeitig die römische Provinz zu bedrohen und im Umkreis der Arverner die Biturigen, die Mitglieder der Conföderation der Häduer waren und noch zögerten, zum Anschluß zu bewegen. Die Mission hatte einen doppelten Erfolg. Lucterius gewann die Rutener, dann die Nitiobroger und die Gabaler für seine Sache. Der Weg nach Narbo war offen.

Wann Caesar nach Narbo aufbrach, ist nicht bekannt. Es war wahrscheinlich Anfang Januar (BG VII 7, 4–5): *«Als er dort eintraf, beruhigte er die verängstigten Gemüter, legte Truppen zu den Rutenern, die in der Provinz wohnen, und zu den arecomischen Volcern und Tolosaten, ebenso in die Umgebung von Narbo, in lauter Gegenden, die an das feindliche Gebiet anstießen. Er befahl, daß ein Teil der Truppen aus der römischen Provinz und die Verstärkungen, die er aus Italien mitgebracht hatte, sich im Gebiet der Helvier, das an das der Arverner anstößt, sammeln sollten.»*

Dann unternahm er einen unerwarteten, ungewöhnlichen Marsch: er überquerte die Cevennen auf den verschneiten Pässen des Vivarais und erschien ganz plötzlich im Land der Arverner, wo er Panik verbreitete. Gewarnt verließ Vercingetorix das Gebiet der Biturigen, um zu seiner Basis zurückzukehren. Während Caesar das Kommando seiner Truppen an einen seiner Stellvertreter übergab, bewegte er sich in Eilmärschen voran, um seine Legionen zu erreichen. Diese konzentrierte er in der Nähe von Agedincum, in der Region von Sens (Abb. 18). Es war jetzt Ende Februar, Anfang März. Hier beginnt alles.

März

Als Vercingetorix sah, daß Caesar nach Norden marschiert war, nahm er die Offensive wieder auf. Er beschloß ein Symbol für die caesarische Politik in Gallien anzugreifen. Im Jahr 58 v. Chr., nach seinem Sieg über die Helvetier, hatte Caesar den Boiern, einer Völkerschaft, die eigentlich aus Böhmen stammte und sich der Wanderungsbewegung angeschlossen hatte, gestattet, sich in einem Gebiet am Rande des Herrschaftsgebietes der Häduer anzusiedeln, selbstverständlich mit deren Einverständnis. Die Boier hatten begonnen, das Land zu bewirtschaften und eine kleine Stadt (Gorgobina oder Gortona, in der Nähe von Sancerre) zu gründen (Abb. 18). Sie von dort zu vertreiben, würde die Inhaltslosigkeit von Caesars Politik aufzeigen, sowie den Häduern eine Wunde in Sachen Eigenliebe versetzen. Vercingetorix belagerte dieses *oppidum*. Nach einigem Zögern reagierte Caesar (BG VII 10, 3–4): *«Er forderte die Häduer auf, ihm Nachschub herbeizuschaffen, und schickte eine Gesandtschaft zu den Boiern voraus, die seine Ankunft melden und sie ermahnen sollte, treu zu bleiben und dem Ansturm der Feinde beherzt Widerstand zu leisten (…). Er setzte sich in Richtung auf das Gebiet der Boier in Marsch.»*

Hier treffen wir zum ersten Mal in diesem Jahr auf das Problem der Truppenbewegung der römischen Armee, das darin bestand, die Truppen von der Region um Sens bis nach Sancerre, ins Land der Boier zu verschieben. Caesar passierte die Orte *Vellaunodunum* (Abb. 19) und *Cenabum* und vergaß im folgenden die Boier vollkommen, da Vercingetorix die Belagerung von Gorgobina (oder Gortona) aufgegeben hatte (Abb. 18).

Zwei Fragen stellen sich nun: wenn man Sancerre von der linken Seite der Loire aus erreichen wollte, an welcher Stelle ließ sich dann der Fluß überqueren? Es gab eine Brücke in Orléans. Aber gab es nicht auch eine in Gien (das viel näher lag)? Wenn es außerdem keinen Zweifel darüber gibt, daß Orléans im Altertum *Cenabum* hieß, sollte Gien dann nicht *Genabum* gewesen sein? Dies könnte die Ursache für mögliche Verwechslungen sein. Dieses Thema wurde

***Abb. 18** Die Route Caesars von Agedincum (Sens) nach Avaricum (Bourges), über Cenabum (Orléans). Rot: die Hypothesen Napoleons III.; Gelb: die unseren.*

***Abb. 19** Die Lage von Château-Landon (Vellaunodunum).*

häufig diskutiert. Jérôme Carcopino hat mit Nachdruck die These zugunsten von Gien verteidigt. Ein wichtiger Grund, um sich von Orléans zu lösen, ist die Tatsache, daß der römische General bei der Zerstörung von *Cenabum* (oder von *Genabum*), nicht auf die Rache anspielte, die er hiermit für das Massaker an den römischen Händler nahm, worüber oben berichtet worden ist.

Agedincum-Vellaunodunum-Cenabum. Man sollte sich so nah wie möglich an die Quellen und die gegebenen Fakten halten. Nur Orléans hat sichere antike Belege für den Namen *Cenabum* aufzuweisen. Ferner verbindet eine römische Straße, von deren Verlauf ein großer Teil gefunden wurde, Sens mit Orléans (Abb. 20. 21). Sie führt über den Ort Château-Landon (Abb. 19), dessen Besiedlung zur Eisenzeit bezeugt ist. Im übrigen läßt sich die Route, die Caesar nach Bourges führte, besser von Orléans aus fassen.

Fassen wir zusammen. Caesar verläßt *Agedincum.* Er belagert *Vellaunodunum* (Château-Landon):

BG VII 11,1–3: *«Als er am anderen Tage nach Vellaunodunum, einem oppidum der Senonen, kam, beschloß er, um keine Feinde hinter sich zurückzulassen und dadurch den Nachschub an Getreide zu erleichtern, es im Sturm zu nehmen. In zwei Tagen schloß er es mit einem Belagerungswall ein. Als am dritten Tag Gesandte aus dem oppidum erschienen, welche über die Übergabe verhandeln sollten, befahl Caesar, die Waffen abzuliefern, das Zugvieh herauszuschaffen und 600 Geiseln zu stellen. Dann ließ er den Legaten C. Trebonius zurück, der diese Maßnahmen durchführen sollte. Um so schnell wie möglich an das Ziel seines Marsches zu gelangen, brach er selbst nach Cenabum, einer Stadt der Carnuten, auf.»*

Und dann steht Caesar vor Orléans: *«Er errichtete vor der Stadt ein Lager, verschob die Erstürmung jedoch wegen der fortgeschrittenen Tageszeit auf den nächsten Tag. Er befahl den Soldaten aber, alles bereitzustellen, was für die Erstürmung von Nutzen sei, und wies zudem zwei Legionen an, mit den Waffen in Griffweite zu schlafen, weil eine Brücke über die Loire in das oppidum Cenabum führte, so daß er fürchten mußte, daß die Einwohner nachts aus der Stadt flüchten würden. Tatsächlich verließen die Einwohner von Cenabum kurz vor Mitternacht in aller Stille das oppidum und begannen, den Fluß zu überschreiten. Als Späher dies Caesar meldeten, hieß er die Legionen, denen er befohlen hatte, kampfbereit zu bleiben, die Tore in Brand stecken und eindringen. Er bemächtigte sich des oppidum und nahm bis auf eine ganz geringe Zahl von Feinden alle gefangen, da die schmale Brücke und die anschließenden engen Wege der Menge die Flucht abgeschnitten hatten. Er ließ das oppidum plündern und anzünden.»*

Caesar überschritt die Loire und erreichte das Land der Bituriger. *«Sobald Vercingetorix von Caesars Eintreffen erfuhr, gab er die Belagerung von Gorgobina (oder Gortona) auf und zog ihm entgegen.»*

Caesar beschloß, Avaricum (Bourges) zu belagern (Abb. 22), *«das größte oppidum im Gebiet der Bituriger, am stärksten befestigt und in einer sehr fruchtbaren Landschaft gelegen. Caesar hatte die Zuversicht, er werde den Stamm der Bituriger wieder in seine Gewalt bringen, wenn er dieses oppidum eingenommen hätte.»*

Der Einsatz war ein doppelter: erstens ein politischer, da es unerträglich war, daß ein Mitglied des Bundes der Häduer abtrünnig wurde, und zweitens ein wirtschaftlicher, denn die Speicher von Bourges quollen vor Lebensmitteln über.

Somit verließ Caesar Orléans, nahm einen Ort namens *Noviodunum* (wahrscheinlich Neuvy-sur-Barangeon) ein und erreichte Bourges. Es waren gerade zwei Monate seit seinem Aufbruch von Norditalien verstrichen. Wir befinden uns ungefähr am Ende des Monats März und der Frühling ist bei weitem noch nicht eingekehrt!

Ende März – April

Die Belagerung von Avaricum wurde grauenhaft. Es war kalt, und starke Regengüsse prasselten auf die Legionen nieder. Die Stadt war in den wesentlichsten Bereichen ihrer Peripherie durch Flüße und ein Sumpfgebiet geschützt. Der einzige, sehr enge Landzugang war durch eine eindrucksvolle Mauer versperrt.

Im übrigen begann es der römischen Armee – als Folge der neuen Taktik, die von Vercingetorix angewandt wurde, – an Nahrung und Tierfutter zu mangeln:

BG VII 14, 2 ff.: *«Mit allen Mitteln müsse man sich bemühen, die Römer zu hindern, sich Futter und Nachschub zu verschaffen. Dies sei einfach, weil sie, die Gallier, über eine überaus starke Reiterei verfügten und sie von der Jahreszeit unterstützt würden. Da kein Futter geschnitten werden könne, müßten sich die Feinde gezwungenermassen zerstreuen, um es täglich auf den Gehöften anzufordern; alle diese Abteilungen könnten die Reiter Tag für Tag aufreiben. Außerdem müßten*

19

20

sie um der gemeinsamen Rettung willen alle familiären Interessen hintanstellen. Es sei daher notwendig, alle Gehöfte und Dörfer in Brand zu setzen und zwar im gesamten Gebiet, wohin sich vermutlich die Römer der Futterbeschaffung wegen wenden zu können scheinen. Ihnen selbst stehe ein großer Vorrat zur Verfügung, weil sie durch die Mittel der Bevölkerung des Gebietes, in dem Krieg geführt werde, unterstützt würden. Die Römer jedoch würden entweder den Mangel nicht aushalten oder sich nur unter großer Gefahr weiter vom Lager entfernen. Es mache keinen Unterschied, ob sie diese selbst töteten oder sie ihres Trosses beraubten, denn nach dessen Verlust könnten die Römer nicht weiter Krieg führen. Es sei aber zudem nötig, die oppida in Brand zu stecken, die nicht auf Grund ihrer Befestigung oder ihrer natürlichen Lage vor jeder Gefahr sicher seien, damit sie weder für ihre eigenen, gallischen Leute als Zufluchtsorte dienten, um Truppen abzuziehen, noch daß sie den Römern dargeboten würden, die die großen Mengen Nachschub und Beute wegnehmen würden. Wenn diese Maßnahmen auch schwerwiegend und bitter erschienen, so müsse es doch noch als viel härter erscheinen, wenn ihre Kinder und Frauen in die Sklaverei weggeführt, sie selbst aber getötet würden, was notwendigerweise den Besiegten zugefügt würde.

Nachdem dieser Vorschlag allgemein gebilligt worden war, wurden an einem Tag mehr als 20 Städte der Bituriger in Brand gesteckt. Dasselbe geschah bei den übrigen Stämmen. Ringsum konnte man die Brände sehen.»

Die Legionäre mußten gigantische Anlagen errichten, darunter eine künstliche Plattform mit einer Breite von 110 m und einer Höhe von 30 m, und alles im Kampf gegen Hunger und Kälte. Darüber hinaus hatten sie die Enttäuschung über einen fehlgeschlagenen Angriff auf das Lager des Vercingetorix zu überwinden, das dieser in einigen Kilometern Entfernung errichtet hatte. Aber trotz erbitterten Widerstandes fiel *Avaricum*. Die gallischen Krieger, die für Fluchtwege gesorgt hatten, wurden von den Schreien, welche die Familienmütter ausstießen, verraten, als diese sahen, daß ihre Gefährten sie im Stich ließen. Als die Legionäre in die Stadt eingedrungen waren, richteten sie ein entsetzliches Massaker an: *«Von der ganzen Zahl von Menschen, die etwa 40 000 betragen hatte, konnten am Ende kaum 800 (...) unversehrt zu Vercingetorix entkommen.»* Die römische Armee machte Beute, fand reichlich Vorräte vor, und die Soldaten ruhten sich einige Tage aus.

Die Belagerung von Bourges ist ein Meisterstück auf dem Gebiet der Poliorketik (Belagerungstechnik). Aber die Bewunderung hierüber darf die wesentliche Frage nicht überschatten: wenn Vercingetorix seine Verbündeten davon überzeugt hatte, die Taktik der «verbrannten Erde» anzuwenden, wenn an einem Tag «mehr als 20 Städte der Biturigen» in Brand gesetzt worden waren, warum ereilte dann Avaricum nicht dasselbe Schicksal? Caesar gibt hierfür nachfolgende Erklärung:

BG VII 15, 3 ff.: *«In der gemeinsamen Versammlung beriet man über Avaricum, ob es richtig sei, die Stadt anzuzünden oder sie zu verteidigen. Die Bituriger fielen allen Galliern zu Füßen und baten inständig, man möge sie nicht zwingen, die schönste Stadt fast ganz Galliens, die Schutz und Schmuck für den Stamm sei, mit ihren eigenen Händen anzuzünden. Sie könnten die Stadt wegen ihrer Lage leicht verteidigen, sagten sie, da sie durch den Fluß und einen Sumpf beinahe auf allen Seiten eingeschlossen sei und nur einen einzigen und sehr schmalen Zugang habe. Vercingetorix riet zunächst ab, gab dann aber auf Grund ihrer Bitte und des Mitleids mit der umstehenden Menge nach ...»*

Die Szene ist kaum plausibler als die angeführten «ästhetischen» Begründungen, daß man nämlich sich nicht anschicken wolle, die schönste, oder jedenfalls die beinahe schönste, Stadt von ganz Gallien zu zerstören. Dieser Typus von Argument ließe sich im Falle von Athen, Syracus oder Rom anführen. Man würde eine solche Äußerung eventuell aus dem Munde einer griechischer oder römischen Abordnung erwarten – aber in diesem besonderen Fall hinterläßt sie Skepsis.

In der Tat muß man sich fragen, ob die Belagerung von Bourges nicht vielmehr wesentlicher Bestandteil innerhalb der Strategie von Vercingetorix gewesen ist. Wenn man Caesar, welcher der Nahrungsmittel beraubt war, eine Stadt «anbietet», in der diese im Überfluß vorhanden sind, ermuntert man ihn, mit einer langandauernden Belagerung zu beginnen. Die Belagerung wird die Legionen blockieren, die unterdessen zahlreichen Entbehrungen und ständigen Angriffen von allen Seiten ausgesetzt sein werden. Ferner nimmt die Enttäuschung darüber zu, daß die Gallier sich nicht auf einen Kampf auf offenem Feld einlassen. Es war nicht sicher, daß die Stadt hätte fallen müssen, auf jeden Fall würde dies nur nach langem Widerstand geschehen. Und wenn dieser Fall eintreten sollte, wären für die Verteidiger Fluchtwege vorgesehen gewesen. Wenn die Belagerten lange

Abb. 20. 21 ***Die antike Straße von Sens nach Orléans, auf der Höhe von Batilly-en-Gâtinais. Die moderne Straßenachse liegt genau auf der römischen Straße, die selbst wiederum den Verlauf einer gallischen Straße übernommen hat. (Photos F. Besse)***

genug standgehalten hätten, wären die geschwächten und demoralisierten Legionen nicht mehr in der Lage gewesen, einen Angriff von hinten abzuhalten.

Die Pläne von Vercingetorix scheiterten aus verschiedenen Gründen. Die römische Armee konnte eine bessere Organisation und eine größere Opferbereitschaft vorweisen, als angenommen. Die Belagerungswerke, die gebaut wurden, um sich der Stadtmauer zu nähern, waren die ersten dieser Art, die Caesar in Gallien gebaut hatte. Ferner war die Flucht der Verteidiger durch das Verschulden ... der Frauen verhindert worden. Soviel Sand im Getriebe einer wohl durchdachten Strategie! Vercingetorix zog aus diesen Ereignissen vor seinen Verbündeten folgende Lehren: BG VII 29,2: *«Die Römer hätten nicht in einer offenen Schlacht gesiegt, sondern durch eine List und mit Hilfe ihrer Kenntnisse der Belagerungstechnik, worin sie, die Gallier, ganz unerfahren seien.»*

Der Führer der Arverner und seine Verbündeten konnten zufrieden sein: niemals zuvor hatten die Legionen solche Schwierigkeiten gekannt. Man sollte daher dem einmal eingeschlagenen Weg weiter folgen. Vercingetorix *«forderte von den Stämmen die Stellung einer gewissen Anzahl von Soldaten (...). Solche Maßnahmen erlaubten ihm, rasch die Verluste von Avaricum wieder aufzufüllen. In der Zwischenzeit traf Teutomatus, der Sohn des Ollovico und König der Nitiobriger (aus der Gegend um Agen), dessen Vater vom Senat den Titel eines Freundes erhalten hatte, mit einer großen Zahl eigener und in Aquitanien angeworbener Reiter bei ihm ein.»*

Ein offizieller Verbündeter Roms kommt auf sein gegebenes Wort zurück und schließt sich dem Aufstand an. Caesar mußte um so mehr unruhig werden, als er erfuhr, daß die Machtverhältnisse bei den Häduern, dem Stamm, auf den er sich seit Beginn seiner Kriegsführung gestützt hatte, im Begriff waren zu kippen.

Während er sich noch in Avaricum aufhielt, kamen (BG VII 32,2) *«führende Männer der Häduer als Gesandte zu ihm mit der Bitte, dem Stamm in einer äußersten Notlage zu helfen: Es bestehe höchste Gefahr für das Staatswesen, denn obwohl sie seit alters her einen einzelnen Mann für das oberste Amt zu wählen pflegten, der dann für ein Jahr die königliche Gewalt innehabe, gebe es jetzt zwei, welche dieses Amt führten, und jeder von ihnen behaupte, er sei gemäß ihren Gesetzen gewählt worden. Der eine der beiden sei Convictolitavis, ein reicher und vornehmer junger Mann, der andere Cotus, der aus einer der ältesten Familien stamme und selbst über bedeutende Macht und eine einflußreiche Verwandtschaft verfüge. Sein Bruder Valetiacus habe im Jahr zuvor dasselbe Amt bekleidet. Der gesamte Stamm stehe unter Waffen. Der Senat, und ebenso das Volk, sei gespalten und auch Clientelschaften des einen und des anderen seien aufgeteilt. Wenn dieser Konflikt weiter Nahrung erhalte, werde es dahin kommen, daß ein Teil des Stammes mit dem anderen kämpfe.»*

21

Was war geschehen? Es gab einen sehr schwerwiegenden Zwischenfall im Rahmen der Institutionen des Stammes: die Ernennung des obersten Amtsträgers konnte nicht auf reguläre Weise vollzogen werden; ein Zeichen von internen Streitigkeiten. Die beiden oppositionellen Parteien haben jeweils einen «Vergobret» gewählt und sind deswegen entschlossen, gegeneinander zu kämpfen. Wenn man den Vorfall aus Caesars Sicht beurteilt, waren es die «Traditionalisten», die Anhänger des Bündnisses mit Rom, die einen verfassungswidrigen Putsch unternommen haben, indem sie Cotos an die Macht brachten, *«der aus einer der ältesten Familien stammt»*, und dessen Bruder im Jahr zuvor dasselbe Amt bekleidet hatte. Sein Gegenspieler, Convictolitavis, *«ein reicher und vornehmer junger Mann»*, sollte sich, wie Dumnorix, den Caesar drei Jahre zuvor töten ließ, der «proromischen» Politik widersetzen.

Was tun? Einen Pokerstreich riskieren und den Gegner unterstützen, in der Hoffnung, daß sich dieser dankbar erweisen würde?

Zur gleichen Zeit wurde Caesar gewahr, daß sich auch der Norden Galliens zu erheben begann. Die Senonen und Parisii griffen zu den Waffen und viele andere folgten ihnen unter dem Kommando des Aulercers Camulogenos. Um der Gefahr zu begegnen, kommandierte Caesar vier Legionen ab, die sich mit den zwei Legionen vereinen sollten, die er in *Agedincum* (in der Nähe von Sens) zurückgelassen hatte. Diese unterstellte er der Befehlsgewalt des Labienus.

Mai

Es galt, die Angelegenheit der Häduer raschestens zu regeln. Caesar begab sich nach Decize (Decetia). Dort berief er den Senat der Stadt ein und zwang Cotus (seinen Parteigänger), *«die Herrschaft niederzulegen, und lud Convictolitavis ein, ... das höchste Amt zu übernehmen».*

Eine Entscheidung, die der Proconsul bald bedauern sollte, denn der neue Magistrat, ohne sich für Caesars Eingreifen zu bedanken, stachelt das Volk an, sich dem Aufstand anzuschließen, nicht sogleich (die Häduer waren noch gespalten), aber im Laufe von drei oder vier Wochen, die ins Gewicht fallen sollten.

Vercingetorix verfolgte weiterhin seine Strategie, den Kampf auf offenem Feld

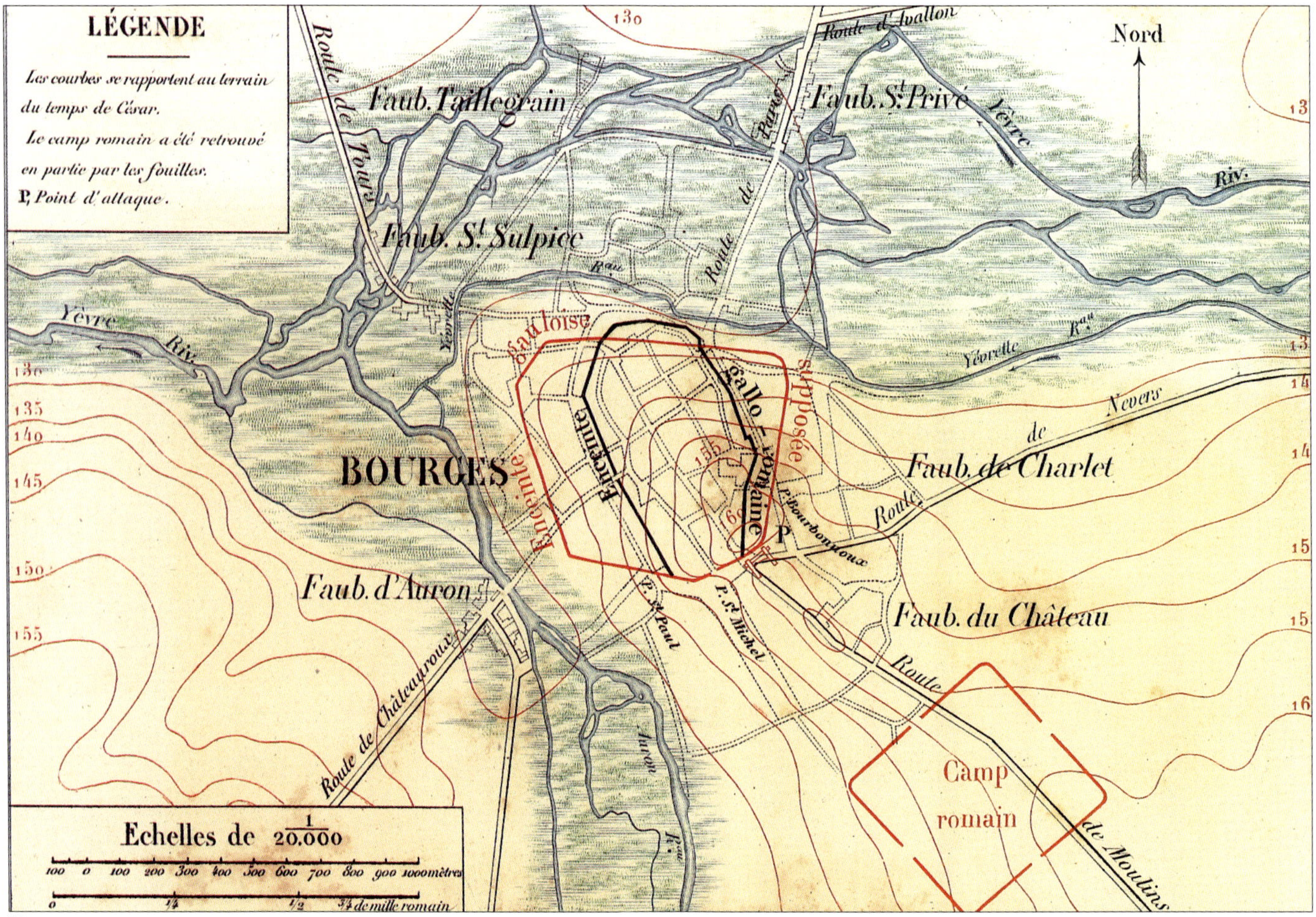

22

zu verweigern, die Legionen zu attackieren und sie an einen Ort seiner Wahl zu locken, um sie dort festzusetzen. Dies gelang ihm um so leichter, da die Legionen nunmehr auf sechs reduziert waren. Nach Avaricum war die Beute, die er Caesar anbieten wollte, um seine Falle zuschnappen zu lassen, Gergovia, seine eigene Hauptstadt.

Die Episode um Gergovia hat zwei Fragen aufgeworfen. Die erste – die Frage nach der Lokalisierung – ist beantwortet. Die unter Napoleon III. durchgeführten Untersuchungen erhielten Bestätigungen, die jeden Zweifel über die Lage des *oppidum* beseitigten. Die zweite Frage – Niederlage Caesars, Sieg der Gallier? – ist die interessantere.

Der Bericht über die Belagerung, so wie ihn uns Caesar überliefert hat, ist schwer verständlich und gleichzeitig wenig anschaulich. Man versteht ihn nicht. Außer man akzeptiert die Rolle, welche die Häduer in dem Geschehen spielen. Denn von Ihnen hatte Caesar Verstärkung angefordert. Man schickte ihm 10 000 Mann unter Führung von Befehlshabern, die zum Verrat entschlossen waren. Aufgrund einer schnellen Intervention außerhalb seiner Stützpunkte wurde Caesar wieder Herr der Lage. Während seiner Abwesenheit waren seine Stellungen jedoch bedroht worden. Darüber hinaus begriff er sehr schnell, daß die Führer der Häduer offiziell Partei für Vercingetorix ergriffen hatten, und daß man im gesamten Gebiet die römischen Bürger, insbesondere die Händler, die sich in Chalon und Mâcon niedergelassen hatten, ermordet hatte. Sollte man mit nur sechs Legionen die Belagerung einer Zitadelle, die praktisch uneinnehmbar war, weiter verfolgen, und sich dem Risiko aussetzen, daß die vereinten Streitkräfte der Häduer von hinten angreifen würden? Das war eine sinnlose Herausforderung. Genau diese hatte Vercingetorix wahrscheinlich vorgesehen. Caesar zog sich zurück.

Es gab zwar einen Ansturm auf Gergovia, jedoch war er von geringem Ausmaß und ging daneben. Caesar schildert den Angriff zwar detailgetreu, ohne allerdings zu sehr zu überzeugen. Er versucht, um von der bitteren Realität abzulenken, einen Sieg vorzutäuschen (*«als er das Ziel, das er sich vorgenommen hatte, erreicht hatte»*). Die Risiken, die Belagerung fortzusetzen, waren zu groß. Es blieb ihm nichts anderes übrig als seine Armee wieder zu vereinen, seine zwölf Legionen wiederzufinden und in Richtung Norden aufzubrechen, um sich mit den Truppen von Labienus zu vereinigen. Wenn sich die Häduer mit den Arvernern vereinigten – und mit all ihren Verbündeten – würde der Kampf ungleich werden.

Aus der Sicht des Vercingetorix, ist der Kampf bei Gergovia ebenfalls nicht als Sieg für die Römer zu werten. Die «Falle» wurde entdeckt, Caesar zog sich rechtzeitig zurück. Aber die Zeit drängt nicht, denn die Legionen werden schwächer, das Land wird ihnen zusehends feindlicher gesinnt, die Tage, die Wochen, die Monate werden zugunsten der Gallier arbeiten.

Juni–Juli

Von Gergovia aus setzte sich Caesar wieder in Richtung des Landes der Senonen in Marsch. Von Lutecia aus stieß Labienus

Abb. 22–24 Plan von Avaricum (Bourges) in der «Histoire de Jules César» von Napoleon III. Im Zusammenhang mit der Belagerung von Bourges beschreibt Caesar eine gallische Befestigungs-Mauer (murus gallicus); die nebenstehenden Zeichnungen (Abb. 23. 24) sind aufgrund dieser Beschreibung entstanden. Unten, eine Tafel aus dem Werk Napoleons III. mit einer entsprechenden Rekonstruktion; oben eine moderne Rekonstruktion. Zur Bauweise dieser Defensivmauer vgl. BG VII, 23, 1–5.

zu ihm. Sie trafen sich wahrscheinlich in der Gegend um Avrolles. Währenddessen breitete sich der Aufstand aus.

BG VII 63, 1 ff.: *«Als der Abfall der Haeduer bekannt wurde, weitete sich der Krieg aus. Gesandtschaften wurden nach allen Seiten hin ausgeschickt. Alle, die mit Einfluß, Ansehen oder mit Geld etwas erreichen konnten, wurden ausgesandt, um die Stämme aufzuhetzen. Da sie sich der Geiseln bemächtigten, die Caesar bei den Häduern in Gewahrsam gegeben hatte, versetzten sie zögernde Stämme mit der Drohung in Schrecken, die Geiseln hinzurichten. Die Häduer forderten Vercingetorix auf, zu ihnen zu kommen und sich mit ihnen über die Kriegführung zu verständigen. Als ihre Bitte erfüllt wurde, bemühten sie sich darum, daß ihnen selbst der Oberbefehl übertragen würde. Da es hierüber jedoch zu einem Streit kam, wurde eine Versammlung ganz Galliens nach Bibracte einberufen. Zu dieser kamen von überall her zahlreiche Teilnehmer zusammenn. Man überließ die Entscheidung einer Abstimmung des Volkes (d. h. der Waffentragenden). Sie bestätigten einstimmig Vercingetorix als Oberbefehlshaber.»*

Vercingetorix bekräftigt seine Taktik: keine offene Schlacht, systematische Nadelstiche gegen die Legionen und, als wichtigsten Punkt, den Angriff auf die römische Provinz, um Caesar, der selbst geschwächt sei, zu zwingen, das Gebiet zu verteidigen. BG VII 64, 2 ff.:*«Er werde auch kein Risiko eingehen und es nicht auf eine offene Schlacht ankommen lassen. Da er über außerordentlich viele Reiter verfüge, sei es vielmehr leicht, die Römer an der Getreide- und Futterbeschaffung zu hindern (...). Nach diesen Anordnungen forderte er von den Haeduern und Segusiavern, die unmittelbar an den Grenzen der römischen Provinz leben, die Stellung von 10 000 Fußsoldaten und verlangte zusätzlich 800 Reiter. An die Spitze dieses Kontingentes stellte er den Bruder des Eporedorix und gab ihm den Befehl, die Allobroger anzugreifen. Darüber hinaus schickte er die Gabaler und die nächstgelegenen Stämme der Arverner gegen die Helvier vor, und die Rutener und Cadurcer sollten das Gebiet der arecomischen Volcer verwüsten.»*

Aber die römische Provinz hielt, entgegen allen Hoffnungen und Versprechungen, den Angriffen mit Festigkeit stand. Jedoch nicht ohne Schwierigkeiten: die Helvier waren gezwungen, sich in ihren befestigten Städten zu verschanzen.

Caesar hatte seine zwölf Legionen umgruppiert, aber er verfügte weder über gallische Hilfstruppen noch über Reiterei. Die Wege nach Süden waren vollkommen abgeschnitten; keinerlei Verstärkung konnte ihn erreichen. Er wandte sich also – gegen klingende, harte Münze – an die Germanen jenseits des Rheins. Reiter und leichte Infanterie trafen ein, um die Legionen zu unterstützen.

August – September – Oktober

Caesar hatte keine Wahl mehr: noch vor Ende des Sommers mußte er entweder ins südliche Gallien (die *provincia*) oder nach Norditalien zurückkehren – was konnte er anderes tun? Die Legionen würden sich gegen Mitte August in Bewegung setzen. Vercingetorix wußte dies ganz genau. Seinen Reitern teilte er mit BG VII 66,3: *«Die Römer flöhen in die Provinz und verließen Gallien. Das sei ihm genug, um gegenwärtig die Freiheit zu erlangen. Es bringe jedoch zu wenig, um für die übrige Zeit Frieden und Ruhe zu sichern. Die Römer würden, wenn sie mehr Truppen zusammengezogen hätten, wiederkommen und keineswegs dem Kriegführen ein Ende machen. Daher solle man noch die in ihrem Heereszug behinderten angreifen. Wenn sie ihrem Troß zu Hilfe kämen und dabei verweilten, könne der Marsch nicht fortgesetzt werden. Wenn sie – und er vertraue darauf, daß das eher eintreten werde – ihren Troß im Stich ließen und für ihre eigene Rettung sorgten, würden sie nicht nur aller zum Leben notwendigen Dinge, sondern auch ihrer Würde beraubt. Was die Reiter der Feinde angehe, so dürften diese selbst keinen Zweifel daran haben, daß keiner von ihnen auch nur ein wenig*

23

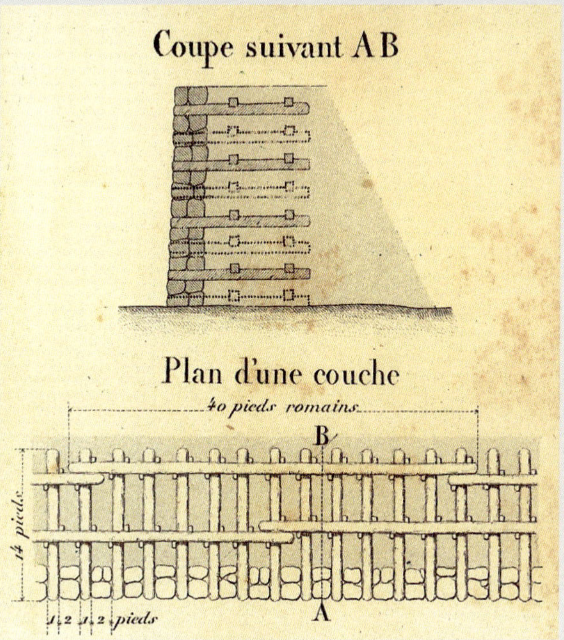

24

25

26

aus dem Heereszug herauszukommen wage. Damit sie dies mit um so größerem Mut ausführen würden, werde er das gesamte Heer vor dem Lager aufstellen und den Feind in Schrecken versetzen. Die Reiterpräfekten riefen, man müsse durch einen besonders feierlichen Eid die Reiter verpflichten, daß sie unter keinem Dach mehr aufgenommen werden sollten, keinen Zugang zu ihren Kindern, Eltern und Frauen mehr haben würden, ehe sie nicht zweimal durch den Heerzug der Feinde hindurchgeritten seien.»

Diese Episode führte nach ... Alesia.

Wir werden hier die zahlreichen Polemiken nicht wiederholen, die seit anderthalb Jahrhunderten die Frage nach der Lage des Ortes Alesia betrafen. So sehr vor den Ausgrabungen von Napoleon III. Zweifel angemeldet werden konnten, so sehr haben ebendieselben Ausgrabungen diese Zweifel zum Verschwinden gebracht. Denen, die nicht überzeugt werden konnten, weil sie die damaligen Resultate gar nicht gelesen hatten, haben die derzeitigen Untersuchungen der deutsch-französischen Ausgrabungsequippen alle nur möglichen Beweise erbracht. Alesia ist das heutige Alise-Sainte-Reine. Was das *oppidum* der Mandubier angeht, so besteht nicht der geringste Zweifel, daß es der Mont-Auxois war.

Dagegen ist es, da die Tage, die zwischen dem Aufbruch der Legionen nach Süden und der Einschließung des Vercingetorix in Alesia liegen, wichtige Konsequenzen hatten, unumgänglich, etwas auf die Einzelheiten einzugehen.

Die römischen Legionen hatten ihre Lager verlassen. Sie marschierten *«ins Land der Sequaner, indem sie die äußersten Gebiete der Lingonen durchquerten»*. Vercingetorix hatte in der Nähe eines Flußes drei Lager errichtet. Seine Reiterei war ebenfalls in drei Korps eingeteilt, welche die Legionen während des Marsches angriffen. Caesar reagierte darauf, indem er seine eigene Reiterei ebenfalls in drei Teile aufteilte.

BG VII 67, 5 ff: *«Schließlich nahmen die Germanen auf dem rechten Flügel eine Anhöhe zum Ziel, welche die Landschaft beherrschte, warfen die Feinde hinunter und verfolgten sie bis zum Fluß, wo Vercingetorix sich mit den Fußtruppen aufgestellt hatte, und töteten mehrere.»*

Die Schlacht war für die Gallier verloren, da die germanischen Reiter sie bis zum Fluß zurückdrängten (Abb. 25. 26). Drei Anführer der Häduer wurden gefangen genommen und zahlreiche gallische Reiter niedergemacht. Die Attacke der Gallier endete folglich mit einem großen Mißerfolg.

(BG VII 68, 68, 1): *«Da die ganze Reiterei in die Flucht geschlagen worden war, zog Vercingetorix seine Truppen, so wie er sie vor dem Lager aufgestellt hatte, ab und setzte sich anschließend nach Alesia, einem oppidum der Mandubier in Marsch.»*

Am folgenden Tag lagerte Caesar vor der Stadt und begann mit der Einschließung des Platzes.

Warum hat sich Vercingetorix in Alesia eingeschlossen? Seit Montaigne bis zu Napoleon I., ohne auch nur die zeitgenössischen Autoren zu erwähnen, ist dies eine alte Frage. Sie hat dem Oberbefehlshaber der gallischen Streitkräfte sowohl im Hinblick auf seine militärische Leistung als auch auf seine intellektuellen Fähigkeiten viel herabwürdigende Kritik eingebracht. Einer der Kritiker zögerte nicht, in ihm sogar einen angeblichen «Verräter» zu sehen, der sich Caesar anschloß.

Obwohl wir dem Averner-Führer gegenüber keinerlei spezielle Nachsicht hegen, ist es nicht verboten, zu seinen Gunsten zu plädieren. Sicher, die Reiterschlacht wurde verloren, dennoch war es nicht töricht, sie eröffnet zu haben. Konnte der Rückzug nach Alesia nicht die Absicht sein, Caesar eine neue Falle zu stellen, vergleichbar denen, die Vercingetorix bereits in Bourges und dann in Gergovia gestellt hatte? Die Legionen blockieren und eine gewaltige Armee anrücken lassen, die ihnen in den Rücken fallen sollte. Für die Belagerten hieß dies gewiß: ausharren. Doch das gesamte Gallien würde zu den Waffen greifen, um die römischen Adler zu vernichten. So war vielleicht der Wetteinsatz.

***Abb. 25** Die Personifikation der besiegten Gallia ist anhand der gallischen Schlachttrompete (carnyx) zu identifizieren. Römischer Silberdenar von 48 v. Chr. (Privatsammlung).*

***Abb. 26** Römischer Silberdenar (46/45 v. Chr.) mit der Darstellung eines Waffentropaions, eines Gefangenen und einer Gefangenen. Die gallischen Schlachttrompeten links und rechts neben den Schilden weisen darauf hin, daß es sich um den Sieg Caesars über Gallien handelt. (Privatsammlung)*

Zwei gallische Führer, die hingerichtet wurden: Dumnorix und Acco

Dumnorix

Caesar, BG. I 18, 3 ff.: «*Dumnorix selbst sei von höchstem Wagemut, erfreue sich bei der Menge wegen seiner Freigebigkeit großer Beliebtheit und sei begierig auf einen Umsturz. Für mehrere Jahre habe er die Zölle und übrigen Abgaben der Häduer um einen geringen Preis gepachtet, weil gegen sein Gebot niemand zu steigern wagte. Dadurch habe er sein Vermögen vermehrt und große Mittel zur Freigebigkeit erworben; er unterhalte auf eigene Kosten stets eine große Zahl von Reitern und habe diese immer um sich. Er habe nicht nur im eigenen Land, sondern auch bei den Nachbarstämmen großen Einfluß; um dieser Macht willen habe er seine Mutter bei den Biturigen einem Mann vermählt, der dort von höchstem Adel und Einfluß sei; er selbst habe eine Helvetierin zur Frau, seine Halbschwester mütterlicherseits und weitere Verwandte habe er in anderen Stämmen verheiratet. Wegen dieser Verschwägerung sei er den Helvetiern zugetan und hasse Caesar und die Römer auch aus persönlichen Gründen, weil ihre Ankunft seine Macht gemindert, sein Bruder Diviciacus aber wieder auf den vormaligen Platz des Ansehen und der Ehre gesetzt worden sei.*»

Caesar, BG. V 6–7: «*Caesar ... marschierte mit den Legionen nach Portus Itius.* (Boulogne, von wo er sich im Jahre 54 v. Chr. nach Britannien einschiffen wollte). *Dort erfuhr er, daß 60 Schiffe, die bei den Meldern gebaut worden waren, durch den Sturm zurückgetrieben worden seien und, unfähig ihren Kurs zu halten, wieder in ihren Ausgangshafen zurückgekehrt seien. Die übrigen Schiffe fand er segelfertig und mit allem, was nötig war, ausgerüstet vor. Hier versammelte sich die Reiterei aus ganz Gallien, 4000 Pferde stark, zusammen mit den Anführern aller Stämme. Caesar hatte nämlich beschlossen, nur einige wenige, deren Treue er sich sicher war, in Gallien zurückzulassen, alle anderen jedoch als Geiseln mitzunehmen, weil er während seiner Abwesenheit einen Aufstand in Gallien befürchtete.*

In der Zahl dieser Stammes-Anführer befand sich auch der Häduer Dumnorix, von dem bereits die Rede war. Dieser war unter den ersten, die Caesar mitzunehmen gedachte, weil er seinen Hang zum Abenteuer, seinen Machthunger, seine Kühnheit und den Einfluß, den er bei den Galliern hatte, kannte. Hinzu kam, daß Dumnorix in einer Versammlung der Häduer erklärt hatte, Caesar habe ihm angeboten, als König über diesen Stamm zu herrschen. Dieser Vorschlag beunruhigte die Häduer sehr, sie wagten jedoch nicht, Gesandte an Caesar zu schicken, um ihm mitzuteilen, daß sie dieses Projekt nicht akzeptieren würden, oder ihn zu bitten darauf zu verzichten. Caesar hatte den Vorgang von seinen Gastfreunden erfahren. Dumnorix begann alle Arten von Bitten anzuwenden, um zu erreichen, daß man ihn in Gallien zurücklasse. Er habe die Gewohnheit nicht, zu Schiffe zu fahren und vor dem Meer Angst, außerdem hielten ihn religiöse Verpflichtungen zurück. Als er jedoch sah, daß ihm sein Wunsch beharrlich abgeschlagen wurde und ihm alle Hoffnung genommen war, etwas zu erreichen, begann er, bei den gallischen Anführern zu intrigieren, machte ihnen Angst, nahm sie einzeln auf die Seite und forderte sie auf, auf dem Festland zu bleiben: Nicht ohne Ursache beraube man Gallien seines ganzen Adels; Caesar wolle alle Männer, die er nicht wage, sie vor den Augen der Gallier zu töten, nach Britannien hinüber nehmen und dort ermorden. Er gab den anderen sein eidliches Versprechen und verlangte von ihnen den Eid, sie würden nach gemeinsamem Beschluß das ausführen, was sie für Gallien nützlich erachteten. Viele Leute hinterbrachten Caesar diese Machenschaften.

Als er diese Situation zur Kenntnis genommen hatte, beschloß Caesar Folgendes: Angesichts der Tatsache, daß er dem Stamm der Häduer sehr hohe Bedeutung beimaß, sei alles zu versuchen, um Dumnorix so gut wie möglich zu bremsen und ihn von seinen Absichten abzuhalten. Als aber seine Verrücktheit immer mehr wuchs, entschloß er sich zu Vorsichtsmaßnahmen, um sich und den Staat vor Schaden zu bewahren. So blieb er etwa 25 Tage an diesem Ort, weil der Corus-Wind (Nordwestwind), *der in dieser Gegend fast immer weht, die Seefahrt hinderte, und bemühte sich, Dumnorix bei seiner Pflicht zu halten, aber nichts desto trotz auch alle seine Pläne zu erfahren. Als er endlich günstigen Wind bekam, befahl er den Soldaten und Reitern, sich einzuschiffen. Während alle beschäftigt waren, machte sich Dumnorix mit den Reitern der Häduer ohne Caesars Wissen aus dem Lager auf den Weg nach Hause. Auf die Meldung davon verschob Caesar die Abfahrt, setzte alles übrige hintan, entsandte einen großen Teil der Reiter zu seiner Verfolgung und befahl, ihn festzunehmen und zurückzu-*

27

Abb. 27 Silberdenar, der den Führer der Häduer, Dumnorix (auf der Münze als «DUBNOREIX» bezeichnet), in «offizieller» Pose zeigt. Er trägt einen Helm, einen Panzer und das Schwert; in der linken Hand hält er den abgeschlagenen Kopf eines Feindes und in der Rechten ein Feldzeichen in Form eines Wildschweines (ebenfalls dem Feind abgenommen) sowie eine «carnyx», die berühmte Kriegstrompete. Diese Münze hat den Wachsfiguren des «Musée de la Civilisation Celtique du Mont-Beuvray» als Modell gedient (vgl. Abb. 28 u. 29).

28

29

bringen; sollte er Gewalt gebrauchen und nicht gehorchen, solle man ihn töten; er war nämlich davon überzeugt, der Mann werde in seiner Abwesenheit erst recht keine Vernunft annehmen, da er schon unter seinen Augen seine Anordnungen mißachtete. Als man jenen aufforderte, umzukehren, leistete er Widerstand und begann sich von Hand zu verteidigen, die Seinen zur Treue aufzurufen, wobei er immer wieder schrie, er sei frei und Bürger eines freien Stammes. Die Reiter umstellten den Menschen, wie befohlen war, und töteten ihn. Die Reiter der Häduer aber kehrten alle zu Caesar zurück.»

Acco

Caesar, BG. VI 3–4 und 44: «*Caesar hatte, wie gewohnt, eine Ratsversammlung Galliens auf Frühlingsbeginn angesetzt. Da auf dieser alle außer den Senonen, Karnuten und Treverern erschienen, glaubte er, daß deren Fernbleiben den Beginn eines Kriegs und Abfalls anzeige, und um deutlich zu machen, daß er alles seiner Repression unterordne, verlegte er die Ratsversammlung nach Lutecia, dem Oppidum der Parisii. Dieser Stamm war Nachbar der Senonen und hatte sich einst mit diesen zu einem Stamm vereinigt. Sie waren aber, wie man glaubte, an den Aufstandsplänen nicht beteiligt. Caesar gab von der Rednerbühne seinen Entschluß bekannt und führte die Legionen noch am gleichen Tag ins Gebiet der Senonen, das er in Eilmärschen erreichte.*

Auf die Nachricht von seinem Anrücken befahl Acco, das Haupt der Verschwörung, die Bevölkerung solle sich in die Oppida flüchten. Während man diese Maßnahmen noch ausführen wollte, lief schon die Nachricht von der Ankunft der Römer ein. Notgedrungen gaben die Senonen ihren Plan auf und schickten Gesandte zu Caesar, um zu versuchen, ihn zu erweichen. Sie wurden durch die Häduer, die seit langer Zeit ihre Schutzherren waren, eingeführt. Caesar verzieh ihnen auf Bitten der Häduer gern und nahm ihre Entschuldigung an.

(Einige Monate später) *Caesar führte das Heer ohne die zwei verlorenen Kohorten nach Durocortorum im Stammesgebiet der Remer zurück. Nachdem er die gesamtgallische Versammlung dorthin zusammengerufen hatte, begann er den Aufstand der Senonen und Karnuten zu beurteilen: Acco, der dessen Anstifter gewesen war, wurde zum Tode verurteilt und nach alter römischer Sitte hingerichtet (er wurde an einen Pfahl gebunden, zu Tode gepeitscht und mit einem Beil enthauptet). Einige, die Angst hatten, ebenfalls verurteilt zu werden, flohen. Diese erklärte Caesar für vogelfrei.»*

Abb. 28. 29 *Die erste Figur (Abb. 28), stellt einen Diener von Dumnorix dar; die zweite Abbildung (Abb. 29) stellt den Führer der Häduer selbst dar (Zeichnung Hucher, Aufnahmen A. Maillier).*

Henry Soulhol

Die Streitkräfte im Vergleich

Die römische Armee

Während des Jahres 52 v. Chr. umfaßten die römischen Streitkräfte 12 Legionen (d. h. theoretisch 48 000 Infanteristen), zu denen verschiedene Auxiliartruppen (kretische Bogenschützen, Schleuderer von den Balearen, leichte numidische oder germanische Infanterie) und Reiter hinzukamen. Letztere wurden in den vorausgehenden Jahren, freiwillig oder gezwungenermaßen, von den gallischen Völkern gestellt. Ihre Truppenstärke betrug ungefähr 4 000 Mann. Die zunehmende Desertion seiner Verbündeten veranlaßte Caesar im Juli 52 v. Chr., auf germanische Söldner (Reiter und leichte Infanterie) zurückzugreifen, die eine entscheidende Rolle spielen sollten. Das wäre im ganzen eine Truppenstärke von theoretisch 52 000 Kämpfern. Aber wenn man die wirkliche Truppenstärke des «Expeditionskorps» berechnen möchte, muß man diese Zahl fast verdoppeln, um die Begleiter aller Arten zu berücksichtigen: Sklaven, «Kammer-Diener», die sich um das Gepäck kümmerten, Lasttiere, die es transportierten oder die Kriegsmaschinen zogen. Kurz, die Armee führte eine große Anzahl untergeordneter Hilfskräfte mit sich, die zwar nicht kämpften, aber alle anderen unerläßlichen Aufgaben erfüllten. Sie mußten ebenfalls ernährt werden. Das erforderte nicht nur eine erhöhte Menge an Proviant (ein Minimum von 100 Tonnen pro Tag), sondern auch mehr Gepäck und einen Pferch für die Lasttiere, die selbst auch Futter benötigten, etc. Daher läßt sich der Ablauf der Ereignisse im Jahre 52 v. Chr. nur verstehen, wenn man diese Masse an Menschen, Tieren und Wagen berücksichtigt. Die römische Armee ist verwundbar, wenn für sie die Lebensmittelversorgung schwierig wird. Das Gleiche trifft während ihrer Verschiebungen zu. Vercingetorix wußte dies nur zu gut, daher hatte er die Taktik der verbrannten Erde und der Nadelstiche ins Werk gesetzt.

Die Legionäre bildeten die schwere Infanterie. Sie trugen einen sehr einfachen Helm (Abb. 30), ein Kettenhemd und einen ovalen Schild. Ihre Angriffswaffen waren der Wurfspieß (das berühmte *pilum*), ein Stoßschwert und einen Dolch für das Handgemenge (Abb. 30). Die Legion verfügte über ihre eigene Artillerie. Sie besaß verschiedene Wurfmaschinen, die entweder Kugeln in einer gekrümmten Wurflinie oder Geschoße (enorme Pfeile, sog. «Belagerungsgeschoße») mit einer gestreckten Flugbahn schleuderten. Die Legion besaß ebenfalls in ihren Einheiten Genie-Spezialisten, und der Legionär konnte sich in einen Baumeister, einen Zimmermann, einen Holzfäller, sogar in einen Waffenhersteller verwandeln.

30

***Abb. 30** Relief mit der Darstellung römischer Soldaten vermutlich mit der Bewaffnung, wie sie die römische Armee zur Zeit der Feldzüge Caesars in Gallien getragen hat. Die Soldaten tragen Kettenhemden, einen viereckigen, halbrunden Schild (das sog. «scutum») und haben die Rechte um den Knauf des kurzen Stoßschwertes («gladius») geschlossen. Das Relief stammt aus der Gegend von Glanum/St-Rémy und befindet sich heute im Musée de la Civilisation gallo-romaine in Lyon (Mus. Nr. Esp. 130). (Photo Musée de la Civilisation gallo-romaine, Lyon)*

Wenn die Armee auf einem Feldzug war, mußte jeden Abend ein Lager errichtet und befestigt werden. Bei anderen Gelegenheiten konnte der Legionär auf die Felder geschickt werden, um Getreide zu schneiden oder Futter zu besorgen.

Die Legion war in zehn Cohorten eingeteilt, von denen jede sechs Centurien umfaßte. An der Spitze jeder Centurie stand ein Unteroffizier: der Centurio, der aus dem Mannschaftsrang hervorgegangen war und bis zum Befehlshaber einer Cohorte aufsteigen konnte. Die ranghöchsten unter ihnen (die *«primipili»*) nahmen an den Versammlungen des Stabs teil. Unter den Offizieren unterschied man die Tribunen, die aus dem Ritterstand stammten und normalerweise dem Kader der Legion zugeteilt waren, und die Präfekten, die Verwaltungsposten bekleideten und – außergewöhnlicher Weise – die Flotte oder die Kavallerie befehligten. Schließlich gab es noch die Legaten, die aus dem Stande der Senatoren stammten und die direkten Mitarbeiter des Proconsuls waren, der ihnen jegliche Art administrativer Tätigkeit anvertraute (z. B. die Ordnung in einer Region aufrechtzuerhalten) oder ihnen militärische Befehlsgewalt übertrug (Labienus führte mit vier Legionen den Feldzug nach Lutecia). Also eine Armee, die gut gegliedert, trainiert und erfahren war. Eine beinahe professionelle Armee.

Die gallische Streitmacht

Und auf der anderen Seite? Hier gab es keine Armee, sondern lediglich einen Zusammenschluß von Kontingenten, die von den unterschiedlichen Stämmen geschickt und von ihren jeweiligen eigenen Anführern befehligt wurden. Man kann wohl eher von einem Aneinanderfügen als von einem Zusammenschluß sprechen, da diese Truppeneinheiten sowohl innerhalb der Lager als auch während des Kampfes «nach Stämmen» geordnet waren. Obwohl Vercingetorix als Oberbefehlshaber anerkannt war, mußte er dennoch die Anführer der Kontingente von der Stichhaltigkeit seiner Pläne überzeugen können. Die Anführer zögerten nicht, ihn anzuklagen, ihm zu widersprechen oder ihn zu veranlassen, seine Taktik zu ändern. Innerhalb der Truppenkontingente bildete die Kavallerie die Elite: die adligen Gallier wurden von Caesar Ritter (*equites*) genannt, die selbst zu Pferd kämpften und sich mit «Reiter-Klienten» umgaben (Abb. 31). Caesar berichtet uns, daß diese Adligen, um die geringe Größe ihrer einheimischen Pferde auszugleichen, zu jedem Preis fremde Reitpferde kauften. Sie trugen Helme mit Wangenklappen (*paragnathides*) (Abb. 32a.b), Kettenhemden und Schilde. Ihre Angriffswaffen waren ein Speer und ein langes Schwert (Abb. 33a.b). Diese Kavallerie hatte aufgrund ihres aristokratischen Charakters ein sehr hohes Niveau und eine ausgezeichnete Ausbildung. Viele von diesen Reitern hatten Caesar in früheren Jahren als Auxiliartruppen begleitet.

Außerdem gab es noch weit mehr Fußtruppen, die für die Zeit eines Feldzuges oder einer Expedition unter den Landarbeitern rekrutiert und anschließend wieder auf ihre Felder geschickt wurden. Sie hatten keine reguläre Ausbildung und oft nur wenig Erfahrung. Ihre Anführer mußten ihnen ihre Ausrüstung

31

32a

32b

liefern und auch ihren Sold bezahlen. Wie die Legionäre waren sie mit einem Speer und einem Schwert bewaffnet, ihre Verteidigungswaffen jedoch kennt man – abgesehen von dem großen, länglichen Schild, der die Größe eines Menschen erreichte – schlecht.

Wie es auch um ihre Tapferkeit und körperlichen Qualitäten stehen mochte, mit einer regulären Armee konnten diese Truppen nicht konkurrieren. Da Vercingetorix dies wußte, war seine erste Sorge, eine eiserne Disziplin einzuführen, seine Truppen auszubilden und jeden direkten Kampf mit den Legionen zu vermeiden. Darüber hinaus zwang er diese Truppen, ein Lager zu befestigen, während man sich zuvor darauf beschränkte, die Gepäckwagen in einem Kreise aufzustellen und die Truppen anschließend in deren Mitte zu plazieren. Die Truppenstärken übertrafen – wenn man Caesar glaubt – bei weitem die der römischen Armee (die Armee des Vercingetorix umfaßte 80 000 Mann, 240 000 Infanteristen und 8 000 Reiter in der sogenannten Entsatzarmee). Dennoch waren die Nachteile in bezug auf Befehlsstruktur, Erfahrung, Geschütze, etc. zahlreich. Aber die Gallier kämpften in ihrem eigenen Land, und dieser Vorteil war von unschätzbarem Wert.

***Abb. 31** Rekonstruktion der Bewaffnung der gallischen Infanteristen und Kavalleristen und des Pferdegeschirrs. (Zeichnung A. Rapin)*

***Abb. 32** Ein Helm aus Bronzeblech (a) (Musée Denon, Chalon-sur-Saône), an dem sich Wangenklappen anbringen ließen (paragnathides), vergleichbar dem hier abgebildeten Exemplar (b), das in Alesia gefunden wurde (Musée des Antiquités Nationales in Saint-Germain-en-Laye bei Paris).*

***Abb. 33a.b** Speerspitzen, Schwerter und Schwertscheiden. Diese Stücke wurden alle in der Saône gefunden und werden im Musée Denon in Chalon-sur-Saône aufbewahrt.*

33a

33b

Henry Soulhol

Die Belagerung von Avaricum-Bourges

34

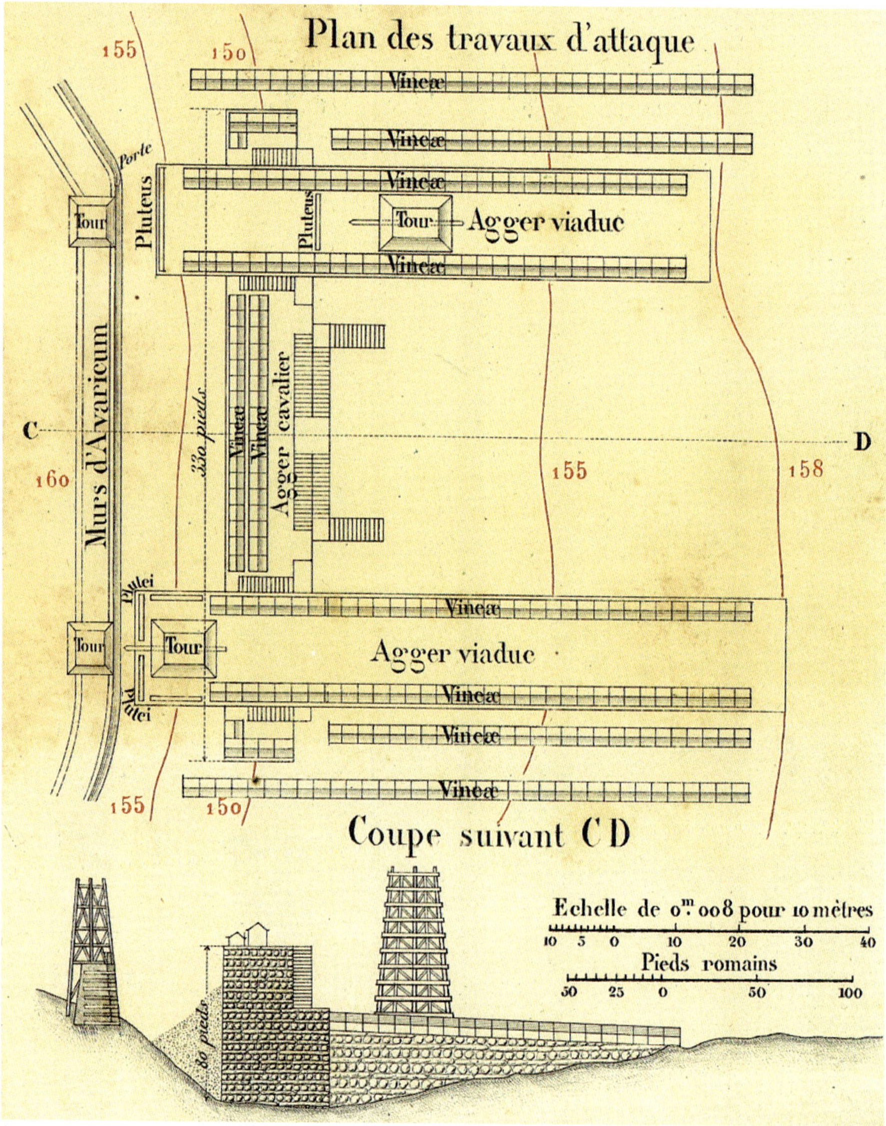

35

Überlassen wir Caesar das Wort BG VII 22: «*Der einzigartigen Tapferkeit unserer Soldaten setzten die Gallier alle Arten von Tricks entgegen (...). Sie lenkten die Mauersicheln mit Schlingen ab und zogen sie, wenn sie diese festgemacht hatten, mit Winden nach innen. Den Damm unterminierten sie mit Sappen (...). Überall auf der gesamten Mauer errichteten sie Türme, die durch einen Gehweg verbunden waren und bedeckten sie mit Leder. Dann setzten sie in häufigen Ausfällen bei Tag und bei Nacht den Damm in Brand oder griffen die Soldaten an, die mit den Belagerungsarbeiten beschäftigt waren.*»

Wenn die Römer die Höhe ihrer Türme vergrößerten, taten die Belagerten es ihnen gleich.

«*Sie verzögerten das Ausheben unserer Gänge, indem sie in die noch offenen Teile angespitzte und vorn angebrannte Pfähle, glühendes Pech und Steine von großem Gewicht hineinwarfen.*» Auf

36a

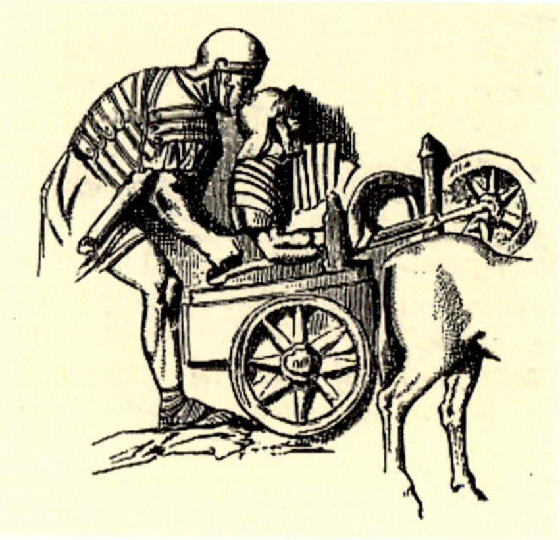

36b

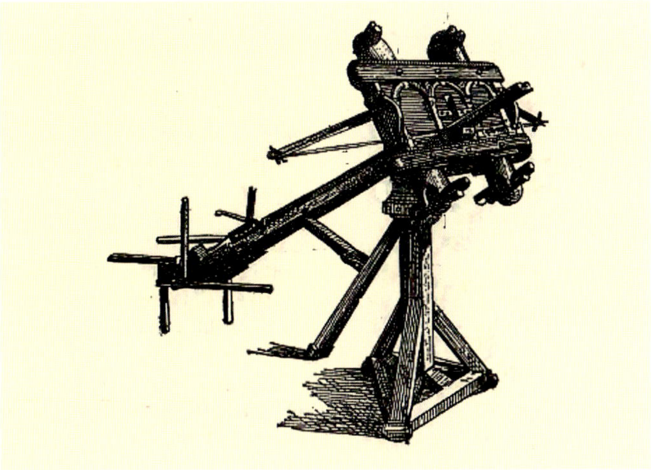

37a

37b

diese Weise verhinderten sie die Annäherung an die Mauer.

Innerhalb von 25 Tagen wurde ein *agger* (künstlicher Damm) von 99 m Breite und 24 m Höhe, der fast die Mauer berührte, errichtet. Die Arbeit wurde durch Kälte und ständigen Regen verzögert: Der Monat April bescherte metereologische Überraschungen: Regen, Winde, Schnee. Trotz der Belagerungsarbeiten (Abb. 35. 36a.b) und der Annäherung der Türme verloren die Belagerten die Hoffnung nicht, dem Ansturm standhalten zu können, um so mehr, als es ihnen gelang, die Basis der Türme in Brand zu setzen (Abb. 34). Indessen löschten die Römer diese Brände schnell und es gelang ihnen in hartnäckigen Kämpfen, die Ausfälle, welche die Belagerten unternahmen, zurückzuschlagen. Übergeben wir Caesar das Wort abermals, um die Tapferkeit der Gallier aufzuzeigen:

«Vor dem Stadttor stand ein Gallier, dem von Hand zu Hand Pech und Talgklumpen zugereicht wurden, die er ins Feuer in Richtung auf den Turm warf. Das Geschoß eines Scorpio (eines römischen Geschützes) durchbohrte ihn auf der rechten Körperseite, so daß er leblos zu Boden fiel. Einer der ihm zunächst Stehenden stieg über den Körper hinweg und übernahm seine Aufgabe. Auch er wurde seinerseits vom Scorpio getroffen und getötet, ein dritter und diesem ein vierter folgten. Der Platz wurde nicht eher von den Kämpfern geräumt, bis der Brand gelöscht und die Feinde überall zurückgedrängt waren, so daß der Kampf ein Ende fand.»

Der *scorpio* (Abb. 37a.b) ist eine Kriegswaffe (Wurfmaschine), die ein Geschoß mit einem quadratischen Querschnitt von 1 bis 2 cm (daher der Name Quader) und einer Länge von 40 cm abschießt. Kein Schild, keine Waffe kann dem Auftreffen dieses Geschosses standhalten, das auf 200 m ein Brett von 5 cm Dicke durchbohren kann. Diese leichte Unterstützungswaffe kann mit unseren heutigen Maschinengewehren verglichen werden, natürlich mit einer viel langsameren Schußfolge (ungefähr zwei Pfeile in der Minute bei intensiver Schießsequenz).

38

***Abb. 34** «Der Platz wurde nicht eher von den Kämpfern geräumt». Abbildung aus der «Histoire populaire de la France», veröffentlicht Ende des 19. Jhs.*

***Abb. 35** Nebenstehend die römischen Belagerungswerke vor Avaricum/Bourges: Abbildung aus der «Histoire de Jules César» von Napoleon III. Man beachte die ungeheure Größe des künstlichen Walles, der gebaut wurde, um die gallische Mauer zu überragen und sich ihr nähern zu können.*

***Abb. 36a.b** Reliefs auf der Trajanssäule in Rom, welche die Handhabung und den Transport eines Katapultes zeigen.*

***Abb. 37a** Ein Katapult. Der Scorpio ist eine Variante dieses Typus.*

***Abb. 37b** Ein sog. Onager. Das erste der dargestellten Geschütze verschoß Pfeile, das zweite schleuderte Kugeln.*

***Abb. 38** Münze der Arverner mit den Motiven eines Pferdes und einer Amphore.*

Vincent Guichard
unter Mitarbeit von Yann Deberge

Gergovia

Die Lage der Austragungsorte der Schlacht von Gergovia ist schon seit der Renaissance unter den Gelehrten strittig. Der am häufigsten vorgeschlagene Ort ist das «Plateau de Merdogne» im Süden von Clermont-Ferrand, das im Zweiten Kaiserreich offiziell in «Plateau de Gergovie» umbenannt wurde (Abb. 40. 41). Diese Hypothese wird durch die Ortsnamenskunde (ein bewohnter Ort namens *Gergoia* auf der östlichen Abdachung des Plateaus wird seit dem 10. Jh. in Quellen erwähnt) und die Archäologie (auf dem Plateau befindet sich ein ausgedehntes *oppidum* von 70 ha, das im 1. Jh. v. Chr. dicht besiedelt war) gestützt. Als weiterer möglicher Ort für die Lokalisierung kommt das «Plateau des Côtes de Clermont» unmittelbar im Norden der heutigen Stadt in Frage. Diese Hypothese wurde in den 30er Jahren aufgestellt und hat vor allem infolge der archäologischen Untersuchungen von Paul Eychart im Jahr 1960 an Substanz gewonnen. Eychart konnte eine Besiedlung der «Côtes» während der Eisen- und der Römerzeit nachweisen und entdeckte dort Überreste ehemaliger Befestigungsanlagen. Seit einigen Jahren verstärkt sich die Debatte aufgrund der drohenden Zerstörung der beiden Gebiete: die «Côtes» durch Basaltsteinbrüche und die Bereiche in der Nähe von Gergovia (Merdogne), in denen römische Lager vermutet werden, durch Einfamilienhaus- und Industrieansiedlungen. Im Bewußtsein dieser Gefahr hat uns der «Service Régional de l' Archéologie» veranlaßt, 1995 eine Untersuchungskampagne zu starten, in deren Rahmen Anzeichen von Befestigungsanlagen, die mit der Schlacht von Gergovia in Verbindung stehen könnten, in den beiden konkurrierenden Gebieten untersucht werden sollten. Die nun abgeschlossene Untersuchung hatte somit einen eng abgesteckten Rahmen. Die Ergebnisse sind insofern aussagekräftig, als daß sie die archäologischen Untersuchungen unserer Vorgänger im Umkreis des Plateaus von Gergovia/Merdogne bestätigen und weiter präzisieren.

Auf dem «Plateau des Côtes» wurden einige Grabungen durchgeführt, vor allem jedoch die Überreste ehemaliger noch sichtbarer Befestigungsbauten ge-

Von Bourges nach Gergovia

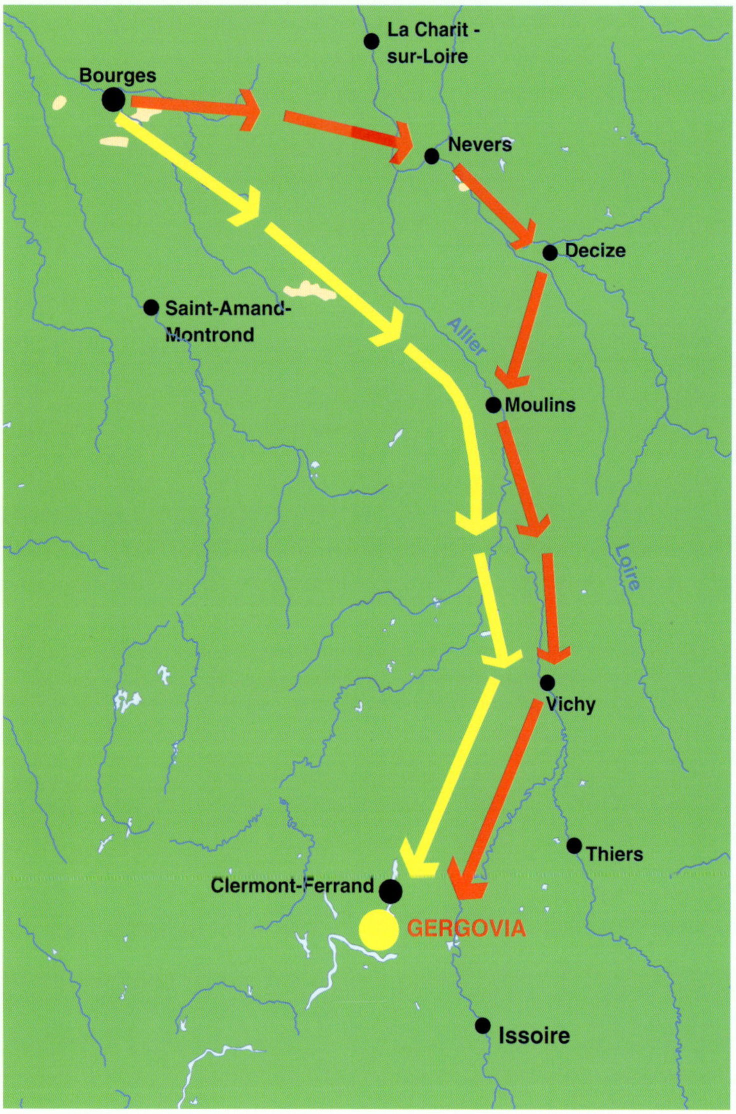

39

Abb. 39 Oben, Rot dargestellt, die Marschroute Caesars. Er begibt sich zuerst nach Decize zu den Häduern, darauf erreicht er den Allier in Richtung Gergovia. Vercingetorix, dessen Route in Gelb eingezeichnet ist, befand sich auf der anderen Seite des Allier und versuchte, Caesar an der Überquerung des Flusses zu hindern. Durch eine List gelingt es dem römischen General, in der Region von Vichy den Fluß zu überqueren. Vercingetorix verschanzt sich in Gergovia; Caesar beginnt mit der Belagerung.

Abb. 40 Ansicht des Plateaus von Merdogne (von Norden), auf dem das Oppidum von Gergovia lag. (Photo F. Besse)

Abb. 41 Das oppidum von Gergovia von Norden gesehen. Im Vordergrund die Stadt Clermont-Ferrand, der Ort der römischen Hauptstadt der Arverner, Augustonemetum. Das Plateau von Gergovia besteht aus einer durch Erosion freigelegten Basaltplatte mit steil abfallenden Hängen, welche die Ebene von Limagnes um mehr als 300 m überragt; es entspricht somit gut der Beschreibung, die Caesar davon gibt: «auf einem sehr hohen Berg gelegen und daher von allen Seiten nur schwer zugänglich».

«Wie wenig Du gelesen hast, wie wenig du kennst – aber vom Zufall des Gelesenen hängt es ab, wer du bist.»
Elias Canetti
PHVZ
VERLAG PHILIPP VON ZABERN
GEGRÜNDET 1785 · MAINZ/RHEIN
Vertrieb: P.O.B. 190930 · D-80609 München
Tel. 089 / 12 15 16 61 · Fax 089 / 12 15 16 16
e-mail vertrieb@zabern-verlag.ccn.de

PHILIPP VON ZABERN

Deutsches Archäologisches Institut (Hrsg.)

Archäologische Entdeckungen

Die Forschungen des Deutschen Archäologischen Instituts im 20. Jahrhundert

Zaberns Bildbände zur Archäologie

2 Bände, geb.; Bd. I: IV, 148 S. mit 129 Farb-, 18 s/w. und 18 Strich-Abb.; Format 21,5 x 30 cm; geb. mit Schutzumschlag
ISBN 3-8053-2565-7

Bd. II: IV, 151 S. mit 161 Farb-, 22 s/w. und 13 Strich-Abb.; Format 21,5 x 30 cm; geb. mit Schutzumschlag
ISBN 3-8053-2626-2

je Bd. DM 68,– / sFr 62,– / öS 496,– (unverb. Preisempf.)

zusammen für nur DM 120,– / sFr 106,50 / öS 876,– (unverb. Preisempf.)
ISBN 3-8053-2628-9

Die beiden Bände stellen in über 50 Beiträgen die Archäologie als moderne, fach- und länderübergreifende Wissenschaft dar

---

ZABERN-LESEZEICHEN 2

Bei Einsendung der Abschnitte von acht verschiedenen Lesezeichen erhalten Sie einen ANTIKE WELT-Sonderband Ihrer Wahl **kostenlos**!
Bitte schicken Sie Ihre acht verschiedenen Abschnitte mit Adreßangabe und Ihrem Buchwunsch an: **Verlag Philipp von Zabern · Postfach 4065 D-55030 Mainz**

40

nau vermessen, insbesondere diejenigen, die nach Eychart einen gallischen Wall erkennen lassen sollten. Das Plateau weist in der Tat zahlreiche Spuren einer ehemaligen Besiedlung auf, die sich im Bereich des Gipfels sowie auf einer Terrasse oberhalb der Stadt Clermont, konzentrierten. Sowohl die Latènezeit als auch die Römerzeit sind dort gut vertreten. Die Überreste des 1. Jhs. v. Chr. sind indessen sehr spärlich, verglichen mit denen, die wir im Bereich der drei unbestrittenen *oppida* in der Region von Clermont vorfinden (Gergovia, Corent und Gondole). Ein detailliertes Studium des Planes und der Bauweise eines Teilstückes des angeblichen Walles auf der nordöstlichen Seite des Plateaus läßt seine Zugehörigkeit zu einem System neuzeitlicher Anbauterrassen vermuten. Es verbliebe noch eine erneute Untersuchung des schmalen Plateaus von Chanturgue, wo Eychart diverse Anlagen in Trockenmauertechnik als Überreste eines römischen Lagers identifizierte.

Die im Gang befindliche Durchsicht der zahlreichen Sammlungen von Gegenständen, die während der Ausgrabungen in den Jahren 1930 und 1940 auf dem

41

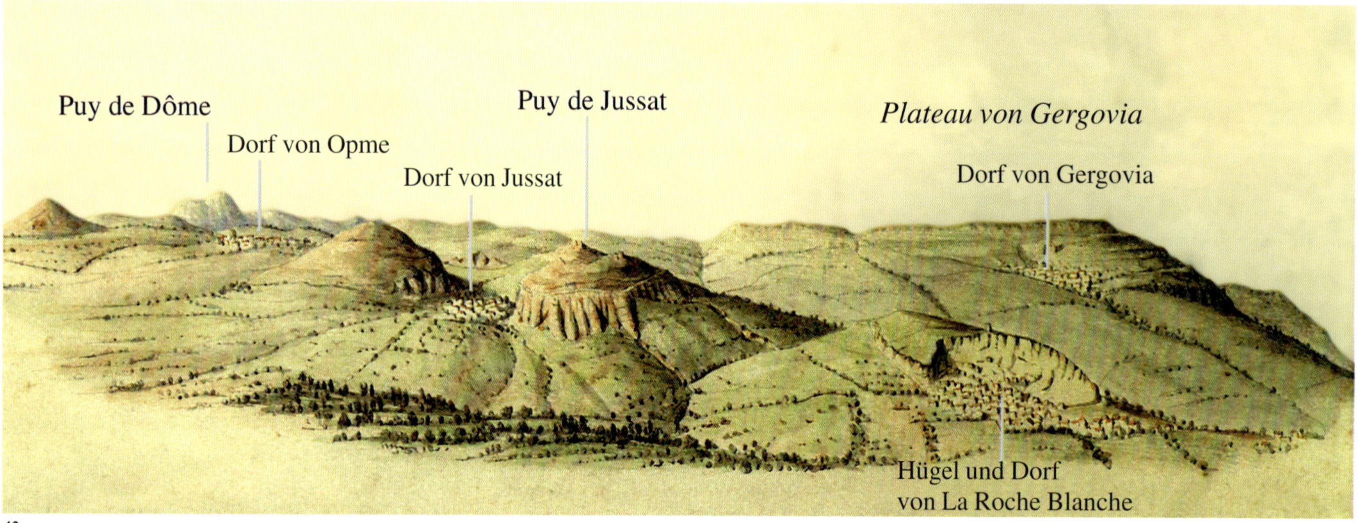

42

43

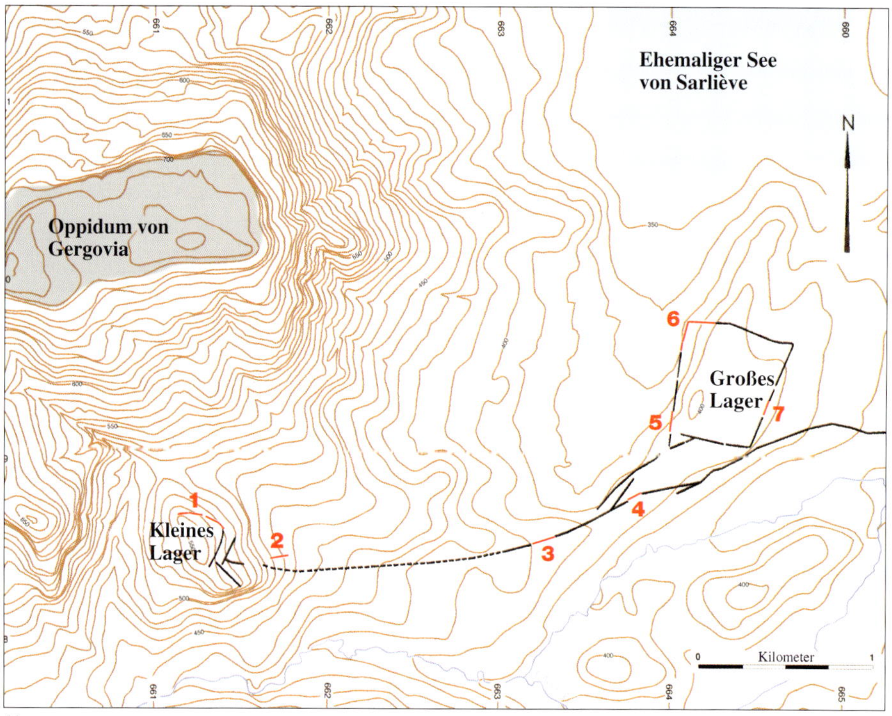

44

Plateau von Gergovia gefunden wurden, zeigt hingegen, daß dieser Ort spätestens in der Mitte des 1. Jhs. v. Chr. (vermutlich um 70 v. Chr.) ein anderes *oppidum* ersetzte, das zur gleichen Zeit auf dem ganz in der Nähe, 6 km südöstlich gelegenen Plateau von Corent, aufgegeben wurde. So überraschend, ein derartiges Phänomen der Ortsverlagerung eines *oppidum* auch sein mag – samt der massiven Völkerbewegung, die dies mit sich zieht – ist es kein Einzelfall in Gallien (die Suessionen z. B. ereilte mit ihren *oppida* Villeneuve-St-Germain und Pommiers, die einige Kilometer voneinander entfernt lagen, das gleiche Schicksal). Und diese Besiedlung war sehr dicht.

Das neue Forschungsprogramm hat uns Gelegenheit gegeben, durch neue Grabungen das Ergebnis der früheren archäologischen Untersuchungen in bezug auf die vermutete Lage der Befestigungen Caesars zu kontrollieren (Abb. 44). Die erste Grabungskampagne überprüfte ein großangelegtes Forschungsunternehmen über die Militäroperationen Caesars, das auf Initiative von Napoleon III. durchgeführt und das im Gelände von seinem Adjudanten, dem Kommandanten Stoffel, geleitet wurde. Diese im Laufe des Jahres 1862 mit großem Einsatz durchgeführten Ausgrabungen sind berühmt für ihr Resultat: Die Standorte der beiden von Caesar errichteten Lager sowie der «doppelte Graben», den der römische General ausheben ließ, wurden lokalisiert. Davon zeugt leider nur eine sehr spärliche Dokumentation: Ein Übersichtsplan der Befestigungen, der einige Jahre später in der «Histoire de Jules César» veröffentlicht wurde, sowie im Gelände gesetzte Marksteine an der Stelle der georteten Befestigungsgräben. Ganz anders als im Fall Alesia ist kein Grabungsbericht erhalten geblieben.

Abb. 42 Blick von Süden auf das oppidum Gergovia und den Hügel von «La Roche Blanche». Vorbereitendes Aquarell von Raymond Chabaud für die Tafel 22 der Histoire de Jules César. Privatsammlung.

Abb. 43 Der Hügel von «La Roche Blanche» vom Gipfel des Plateaus von Gergovia aus gesehen. Die Aussicht zeigt den steilen Abhang, den die römischen Truppen ohne Erfolg zu erstürmen versuchten: der Höhenunterschied beträgt ungefähr 200 m auf eine Strecke von 1100 m.

Abb. 44 Lage der Befestigungsarbeiten Caesars vor Gergovia nach den Untersuchungen von 1862. Rot dargestellt, die Stellen, an denen durch die Untersuchungen seit 1985 das Vorhandensein von Befestigungsgräben bestätigt wurde. 1: Hügel von La Roche Blanche (Sondierungen 1996); 2: Die Parzellierung Pialle und Rue des Caves (Rettungsgrabungen 1994–95 und 1998); 3: Sur les Bais (Rettungsgrabungen 1997); 4: La Bavoisine (Rettungsgrabungen 1997); 5: La Pointe de la Serre (Sondierungen 1996); 6: La Serre (Sondierungen 1995); 7: La Côte (Rettungsgrabungen von G. Loison 1985). Die Grabungen von 1995–1996 wurden, genau wie die von 1862, lediglich als durch rechtwinklig zur Achse der Befestigungsgräben gezogene Schnitte ausgeführt. Sie stießen fast überall auf eine sehr starke Erosion, welche bisweilen die Befestigungsgräben vollkommen zum Verschwinden gebracht hat. Auch die Luftaufnahmen stellen – im Gegensatz zu Alesia – im Augenblick keine Hilfe dar, um die Aufmessungen der Grabungen zu vervollständigen. Dieser Plan darf folglich nicht als ausführliche Aufnahme der Befestigungsanlagen Caesars betrachtet werden. Es bestehen noch zahlreiche Ungewißheiten. Stoffel hatte jedoch einen großen Teil der Befestigungen, der die beiden Lager verbunden hat und welche er nicht im Gelände hatte kontrollieren können, im Plan punktiert dargestellt. In der Tat zeigen neue Entdeckungen bei Punkt Nr. 2, daß sich diese Befestigung ungefähr 100 m weiter nördlich befindet.

Abb. 45 Der Graben des kleinen Lagers anläßlich einer Sondierung von 1996 auf dem Hügel von La Roche Blanche. In den Bereichen, in denen der Mergel-Untergrund weich genug ist, weist der Graben ein perfektes Profil in der Form eines V auf. Die Photographien stammen von den Autoren. Die Untersuchungen sind im Rahmen eines Forschungsprogrammes durchgeführt worden, das vom «Service Régional de l'Archéologie» unterstützt wurde. Die Arbeit im Gelände ist von Freiwilligen und Praktikanten der «Association du site de Gergovie» und der «Association pour la Recherche sur l'âge du Fer» in der Auvergne durchgeführt worden.

Abb. 46 Weinamphore des Typus Dressel 1 während der Freilegung im Graben des kleinen Lagers (Sondierungen von 1996). Man halte fest, daß die Amphore absichtlich im Graben in Scherben geschlagen wurde, als dieser noch vollkommen leer war.

45

46

Nach Stoffel lag das große Lager, das eine Fläche von 35 ha umfaßte, 2,5 km östlich des *oppidum* auf einer Anhöhe und war von diesem durch eine heutzutage sumpfige Senke getrennt. Aufgrund der wenig ausgeprägten Gestaltung des Geländes an dieser Stelle konnte das Lager mit einem gleichmäßigen, geometrischen Grundriß, der einem Quadrat mit abgerundeten Ecken ähnelt, angelegt werden. Das kleine Lager, das eine Fläche von ungefähr 5,5 ha umfaßte, befand sich ganz in der Nähe des *oppidum* auf dem Hügel von La Roche Blanche.

47

Sein krummliniger Grundriß spiegelt die Topographie wider.

Zwischen den Jahren 1936 und 1939 fanden neue Ausgrabungen statt. Der Bericht, diesmal mit einer Fülle von Details veröffentlicht, bestätigt mit Hilfe von Photographien die Existenz der Gräben, deren Profil die Form eines V hat und deren Verlauf mit dem von Stoffel vorgeschlagenen identisch ist, bzw. nur geringfügig von diesem abweicht. Dieser Bericht leidet indessen unter einer mittelmäßigen graphischen Bebilderung, so daß es nicht möglich ist, die durchgeführten Grabungsschnitte genau zu lokalisieren. Außerdem vernachlässigt er die Fundgegenstände, die eine genaue Datierung und Klärung der Funktion der Gräben erlaubt hätten.

Die neuen Grabungen, die 1995 und 1996 unternommen wurden, sowie diverse Beobachtungen, die während der Grabungsarbeiten gemacht werden konnten, bestätigen die Existenz der Gräben an den von Stoffel angegebenen Stellen voll und ganz (Abb. 45. 46). Überprüft werden konnten die West- und Ostseite des großen Lagers, ein größerer Abschnitt der Umfassung des kleinen Lagers und stellenweise auch Bereiche des angenommenen Verlaufes der Befestigung, welche die beiden Lager verbunden hat. Diese Gräben, die häufig meist schon stark erodiert sind, erreichen teilweise eine Breite von 3,5 m und eine Tiefe von annähernd 2 m. Die an verschiedenen Stellen geborgenen Fundgegenstände ermöglichten eine genaue Datierung (1. Jh. v. Chr.) und stützten die Annahme einer militärischen Nutzung. Tatsächlich wurden zwei Bruchstücke der typischen römischen Bewaffnung gefunden – massive Eisenpfeile, die mit Hilfe von Katapulten verschossen wurden (Abb. 47) – sowie drei aus Granit oder Basalt gehauene Kugeln.

Ohne ebenso aufsehenerregende Beweisstücke wie im Falle von Alesia, wo die römischen Militäranlagen von ganz anderem Ausmaß sind, vorweisen zu können, bestätigen die neuen, am Fuße des Plateaus von Gergovia durchgeführten Ausgrabungen dennoch die ursprüngliche Annahme, daß es sich bei diesem Ort um das *oppidum* der Arverner handelte, in dem sich Vercingetorix verschanzt hatte.

Legt man die von der Archäologie vorgeschlagene Lokalisierung der Befestigungen zugrunde, so kann der Leser die von Caesar beschriebenen Episoden der Belagerung von Gergovia ohne Mühe anhand der topographischen Gegebenheiten des Platzes nachvollziehen. Ebenso wird man keine Schwierigkeit haben, zu verstehen, warum die Belagerung dieser Stadt, die «auf einem sehr hohen Berg lag und daher von allen Seiten nur schwer zugänglich war», gescheitert ist. Ohne Zweifel hatte Caesar seinen späteren Sieg in Alesia vor allem den Lehren zu verdanken, die er aus dem zu schnell geführten Angriff in Gergovia gezogen hatte.

***Abb. 47** Spitzen aus Eisen von den Bolzen eines Katapultes (Länge ungefähr 100 mm). Sie stammen aus dem Graben des kleinen Lagers (Sondierungen von 1996). Zustand nach der Restaurierung.*

Henry Soulhol

Gergovia: Die Schlacht nach Caesars Angaben

Wenn man Caesar Glauben schenkt, bestand seine Taktik darin, den Ort überraschend einzunehmen, nachdem er seine Stellungen gut befestigt hatte. Vercingetorix ließ seine Truppen unterhalb der Befestigungen, am Abhang, lagern. Caesar, der mit sechs Legionen angerückt war, schlug sein Lager auf und befestigte es. Er bemerkte daraufhin (BG. VII 36, 5): *«Es lag in der Gegend des Oppidum am Fuße des Berges selbst ein Hügel, der von Natur aus sehr gut befestigt war und von allen Seiten her schroff abfiel: wenn die Unsrigen ihn besetzten, so schien es, daß der Feind eines großen Teiles seines Wassernachschubes und der freien Fourrage beraubt würde. Aber diese Hügelposition wurde durch die Feinde mit einer allzu starken Besatzung gehalten. Dennoch brach Caesar in der Stille der Nacht von seinem Lager auf, und bemächtigte sich der Örtlichkeit, nachdem er die Besatzung vertrieben hatte, bevor man ihr aus dem Oppidum zu Hilfe kommen konnte. Er legte zwei Legionen dorthin und ließ einen doppelten Graben von zwölf Fuß vom größeren Lager zum kleineren führen, damit einzelne sicher vor einem plötzlichen Angriff der Feinde zusammenkommen konnten».*

Caesar schiebt an dieser Stelle seines Berichtes diverse Episoden ein, die sich auf den Abfall der Hilfstruppen der Häduer beziehen: er verläßt sein Lager, das unterdessen angegriffen wurde, kommt zurück und beschließt, aufzugeben. Die Angelegenheit mit den Häduern – so sagt er – war schwerwiegend genug. Indessen schien ihm eine Gelegenheit günstig zu sein: ein Hügel (Punkt 1 in Abb. 48) war frei von feindlichen Truppen. Deserteure teilten ihm mit, daß Vercingetorix vorhabe, dessen Rückseite zu befestigen, um die römischen Truppen daran zu hindern, sich des Hügels zu bemächtigen. Wenn die Legionen gleichzeitig diese Anhöhe und jene, auf der das «kleine Lager» errichtet worden war, kontrollierten, würden die Ausfälle, besonders die für die Proviantbeschaffung, schwierig.

Die Taktik Caesars läßt sich folgendermaßen beschreiben: den Feind glauben machen, daß er den besagten Hügel angreifen wolle, ihn dazu bringen, Truppen dorthin zu schicken, um selbst gleichzeitig an anderer Stelle anzugreifen. Aus diesem Grund, schickte er (BG. VII 45,1) *«mehrere Reiterschwadronen aus und befahl ihnen, mitten in der Nacht unter größerem Lärm als gewöhnlich überall umherzustreifen»*. Ihnen gesellte er Maultiertreiber zu, die als Kavalleristen verkleidet waren. Die gallischen Truppen konzentrierten sich am angegebenen Punkt (Abb. 48, a), um an der Verschanzung auf der Rückseite des Hügels zu arbeiten (Abb. 48, Punkt 1). Caesar führte seine Truppen daraufhin vom großen in das kleine Lager und gab das Zeichen zum Angriff (Abb. 48, b); währenddessen schickte er von rechts die Hilfstruppen der Häduer vor (Abb. 48, c). Die Soldaten stießen auf halber Höhe des Abhanges auf die künstlich errichteten Verteidigungsanlagen, überquerten sie und fielen in die feindlichen Lager ein.

Caesar hatte sein Ziel erreicht – so sagt er – und ließ zum Rückzug blasen, aber viele hörten das Signal aufgrund der Geländegestalt nicht und setzten ihren Marsch bis zu den Mauern des Oppidum fort. Die Gallier kehrten zum Fuß der Mauer zurück (Bewegung (Abb. 48, a) in umgekehrter Richtung) und schlugen die Angreifer in die Flucht. In diesem Augenblick sahen die Römer von rechts die Häduer kommen (Abb. 48, c) und hielten sie für Feinde. So kam es zur regellosen Flucht.

Zuvor aber hatte Caesar die 10. Legion sowie Cohorten der 13. Legion (Abb. 48, d) anhalten und in Schlachtordnung aufstellen können. Sie leisteten dem Zusammenstoß Widerstand und hielten das Zurückweichen auf. Caesar gab die Örtlichkeiten auf. Nach seinen Angaben waren die Verluste geringer als 700 Mann.

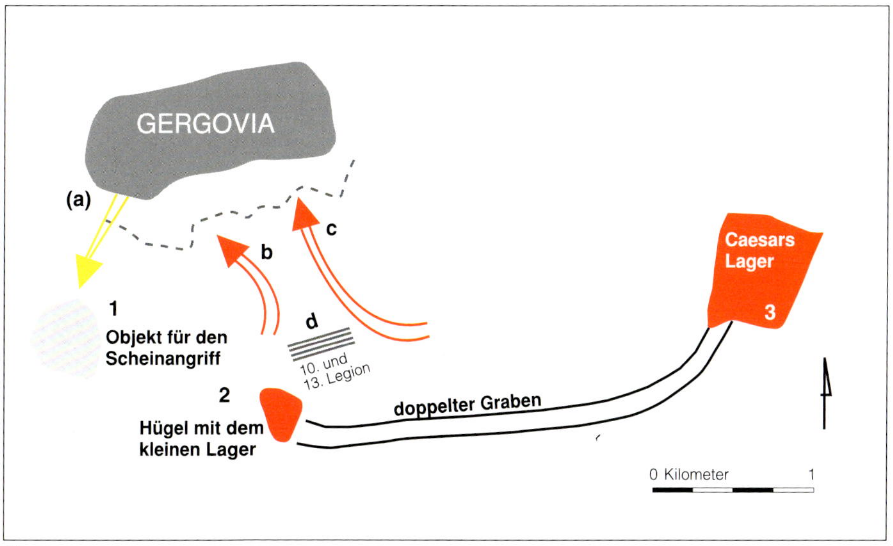

48

***Abb. 48** Caesars Situation vor Gergovia: 1. Von feindlichen Truppen freier Hügel, dessen Rückseite Vercingetorix, nach Aussage von Überläufern, zu befestigen plante. Vorgetäuschtes Angriffsziel; 2. Hügel mit dem kleinen Lager der Römer; 3. Hauptlager Caesars; a. Versammlungsort der Gallier am Fuß der Umfassungsmauer von Gergovia; b. Angriffsrichtung der Römer; c. Vorstoßrichtung der Haeduer; d. Auffangstellung der 10. Legion und von Cohorten der 13. Legion.*

Christian Goudineau

Eine «Fehlentscheidung» Caesars

Indem er den innenpolitischen Konflikt, der bei den Häduern ausgebrochen war, gelöst hatte, auch angesichts der Tatsache, daß es nicht einer seiner eifrigsten Anhänger war, der das höchste Amt übernahm, war sich Caesar sicher, nicht nur richtig gehandelt, sondern vor allem auch die Bande der Allianz, die so wichtig waren, aufrecht erhalten zu haben. Den Beleg dafür finden wir erst viel später in seinem Bericht, d. h. nach der Schilderung der Ereignisse von Gergovia. Wenn man diese Angelegenheit in ihren Kontext stellt, so muß sie kurz nach den Unterredungen von Decize (Decetia) stattgefunden haben. Die Häduer gaben Caesar durch ihren neu gewählten *Vergobreten* alle Zusicherungen. Daraufhin verfolgte Caesar Vercingetorix bis nach Gergovia. Um seine Bewegungsfreiheit zu sichern und eine zufriedenstellende Geschwindigkeit der Fortbewegung zu erreichen, beabsichtigte er – wie er es schon in den Jahren zuvor getan hatte – an einem sicheren Ort all das, was man *impedimenta* nannte, zu konzentrieren, d. h. alle jene Dinge, die eine Armee mit sich führen muß, die ihr jedoch bei ihren Kämpfen zu nichts dienen, wie z. B. die zuvor gewonnene Beute, die zum Dienst bei den Offizieren bestimmten Sklaven, die Schriftführer mit ihren Archiven, der für die kommenden Monate vorgesehene Proviant, die Tiere, die im Augenblick nicht gebraucht werden, etc. All dies ist nur sperrig, muß jedoch für den Notfall schnell zu Verfügung stehen.

Caesar bat die Beamten der Häduer, ihm einen Ort zur Verfügung zu stellen, an dem gewisse dieser *impedimenta* in Sicherheit wären, während er selbst Vercingetorix verfolgte. Man schlug ihm Noviodunum vor, «*eine Stadt der Häduer, die an den Ufern der Loire an einem günstigen Orte gelegen war*» (BG. VII 55,1). Man hat diesen Ort lange Zeit mit Nevers gleichgesetzt, nimmt jetzt jedoch an, daß es sich um Diou, im Süden von Bourbon-Lancy handelte, das weder sehr weit von Decize (Decetia) noch von Bibracte, d. h. je ungefähr 50–70 km, entfernt ist. Caesar hatte volles Vertrauen: während er selbst nach Süden vordrang, ließ er nicht nur «*einen großen Teil seines eigenen Gepäcks und des Gepäcks seiner Soldaten*» nach Noviodunum schicken, sondern ebenso die Ersatzpferde (die bei der Belagerung von Gergovia kaum von Nutzen schienen), das Getreide (den Vorrat) und sogar öffentliche Gelder (für den Sold der Legionäre). Noch schwerer wog, daß er dort alle Geiseln zurückließ, die zu stellen er den Stämmen Galliens auferlegt hatte. Sie gehörten alle zur Verwandtschaft oder zur Nachkommenschaft der gallischen Anführer und waren die Garanten für das gegebene Wort und somit eine Art Abschreckungswaffe.

Zwei junge Führer der Häduer eroberten den von einer unzureichenden römischen Besatzung verteidigten Platz. Caesar hatte einen schlechten Wetteinsatz gemacht. Nicht nur war die Angelegenheit für ihn ein beträchtlicher Verlust; die Häduer verfügten von nun an, da sie sich der Geiseln zahlreicher Stämme bemächtigt hatten, über zugkräftige Trumpfkarten. Die Wahl, die Caesar in Decize (Decetia) getroffen hatte, sowie das Vertrauen, das zur Eroberung von Noviodunum geführt hatte, sind nur zwei Belege dafür, daß Caesar sich täuschen konnte. Aber vergessen wir nicht, daß wir dies nur wissen, weil er es selbst geschrieben hat.

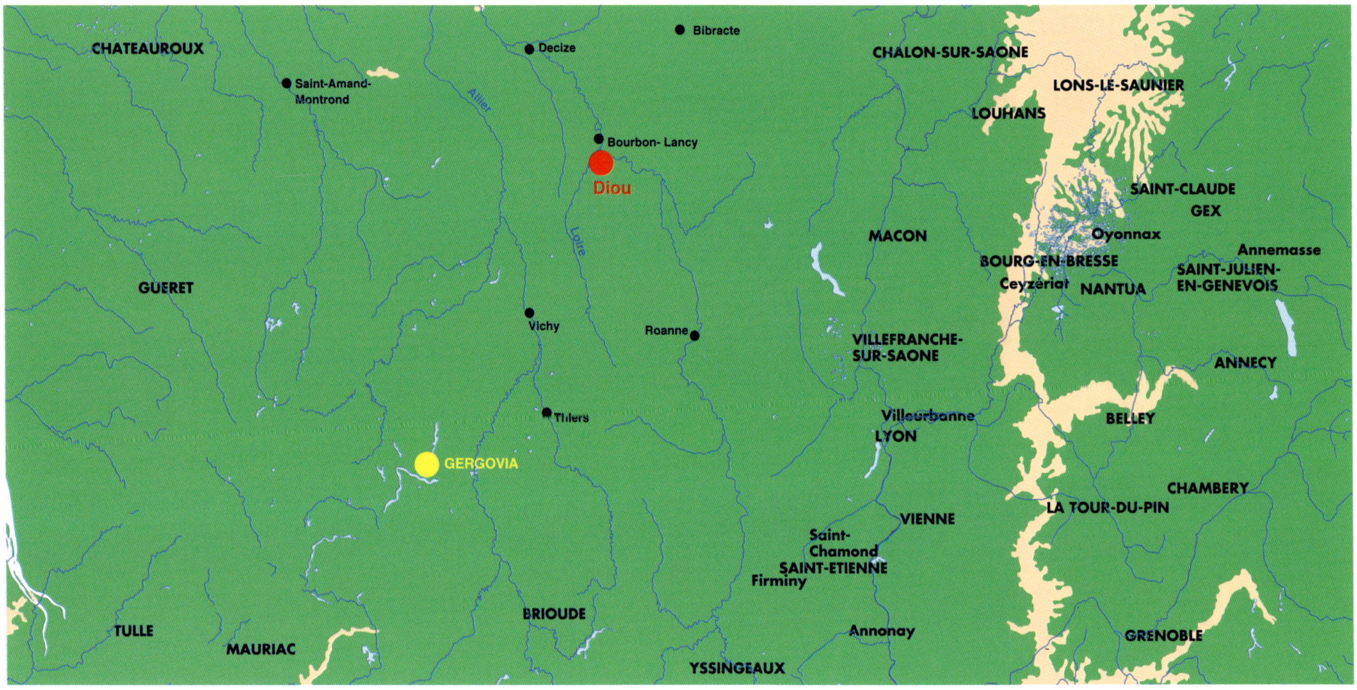

49

Abb. 49 ***Karte mit den Tälern der Loire und des Allier zwischen Nevers und Gergovia, Bibracte und Roanne. Im Zentrum Diou bei Bourbon-Lancy.***

Henry Soulhol

Der Feldzug nach Lutecia: linkes oder rechtes Ufer?

Als sich Caesar in Decetia (Decize) befand (Abb. 49), um den innenpolitischen Konflikt der Häduer zu regeln, beauftragte er, bevor er sich selbst nach Gergovia aufmachte, seinen Befehlshaber Labienus, mit vier Legionen und einem Teil der Reiterei gegen die Senonen und Parisii vorzugehen, die – wie er erfuhr – in der Region von Lutecia Truppen konzentriert hatten.

Labienus erreichte die Region um Sens, deponierte dort sein Gepäck und brach in Richtung *«Lutecia, eine Stadt der Parisii, die auf einer Insel in der Seine liegt»*, auf (Abb. 50). Die Streitkräfte, denen er entgegenzutreten sich anschickte, waren zahlreich. Zu den zwei zuvor genannten Stämmen kamen noch die *«angrenzenden Stämme»* (ohne genauere Benennung) hinzu. Der Zusammenschluß dieser Stämme stand unter dem Oberbefehl des Aulercers Camulogenos, der zwar von hohem Alter, aber aufgrund seiner Kenntnisse der Kriegführung berühmt war.

Von Sens aus (oder aus der Region um Sens) begab sich Labienus also nach Lutecia. Er wurde jedoch durch einen «ununterbrochenen Sumpf» (*palus perpetua*), der einen Abfluß in die Seine hatte, am Weitermarsch gehindert. Am nördlichen Teil des Sumpfgebietes hatte die gallische Armee Stellung bezogen. Es war unmöglich, den Sumpf zu überqueren.

BG. VII 58: *«Labienus versuchte zunächst, Laufgänge vorzuschieben, den Sumpf mit Reisiggeflechten und Erde auszufüllen und so den Weg zu befestigen. Nachdem er jedoch bemerkt hatte, daß die Durchführung dieses Vorhabens zu schwierig war, verließ er um die dritte Nachtwache in aller Stille das Lager und gelangte auf demselben Weg, auf dem er gekommen war, nach Metlosedum. Dies ist eine Stadt der Senonen, die ebenso, wie wir es gerade von Lutecia berichteten, auf einer Insel in der Seine gelegen ist. Hier bemannte er an die 50 Schiffe, ließ sie schnell miteinander verbinden und die Soldaten an Bord gehen. Die Einwohner der Stadt, von denen ein großer Teil zum Krieg einberufen worden war, ergriff angesichts des unerwarteten Ereignisses ein solcher Schrecken, daß sich Labienus der Stadt ohne Gegenwehr bemächtigen konnte. Nachdem er die Brücke wiederhergestellt hatte, welche die Feinde in den vergangenen Tagen abgerissen hatten, führte er sein Heer hinüber und setzte sich stromabwärts in Richtung auf Lutecia in Marsch.»*

Nicht ohne Schwierigkeiten gewann er eine entscheidende Schlacht.

Caesars Text präzisiert weder, an welcher Stelle sich der Sumpf befand, noch welches Ufer der Seine Labienus während seiner Bewegungen benutzt hat: das

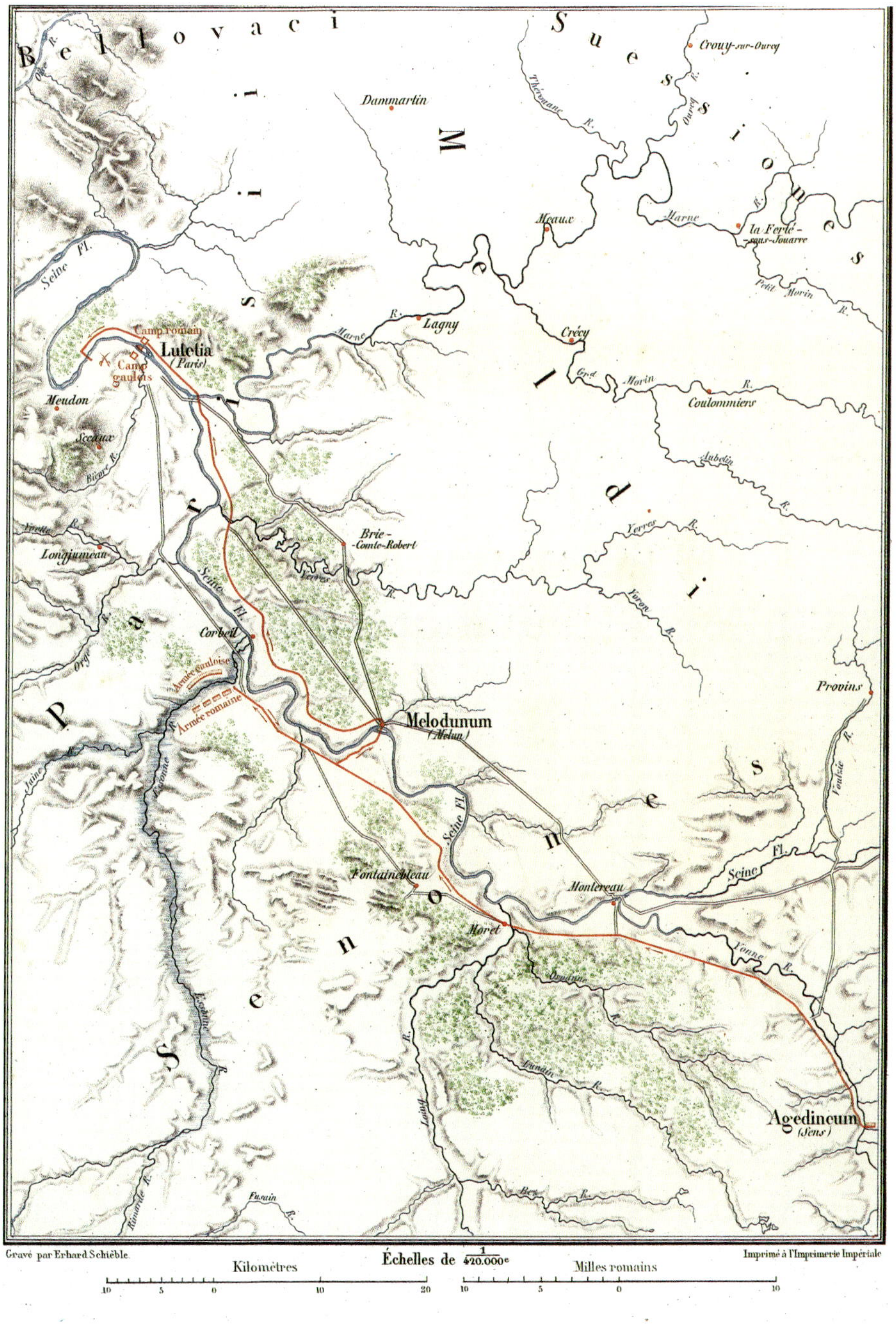

50

Abb. 50 Abbildung aus der «Histoire de Jules César» von Napoleon III. Die Täler der Seine und der Yonne zwischen Lutecia (Paris) und Agedincum (Sens).

rechte oder das linke? Bis in neuere Zeit schien die von Napoleon III. vorgeschlagene Lösung einleuchtend zu sein: Der «durch nichts unterbrochene Sumpf» befand sich dort, wo Seine und Essonne zusammenfließen. Folglich war Labienus zuerst dem linken Seineufer gefolgt und wäre dann, nach Überquerung der Seine bei Melun, auf dem rechten Ufer nach Lutecia marschiert.

In den letzten Jahren wurde diese Theorie wieder in Frage gestellt. Geologische Untersuchungen, die durch die Ergebnisse von Ausgrabungen gestützt werden, haben gezeigt, daß am Platze der heutigen Stadt Paris ausgedehnte Zonen am rechten Ufer (bis zum Montmartre hin) aufgrund eines ehemaligen Flußarmes und verschiedener Wasserläufe alle Merkmale eines Sumpfes aufwiesen. Wäre dies allenfalls die «*palus perpetua*»? Hätte Labienus demzufolge nicht zuerst das rechte Ufer benutzen müssen, bevor er auf das linke Ufer zurückmarschierte?

So verführerisch diese These auch ist, so wenig stimmt diese Rekonstruktion mit dem Text Caesars überein: die Beschreibung der Vorgänge läßt vermuten, daß sich der «Sumpf» in der Nähe von Melun befunden haben muß – andernfalls hätte Labienus eine andere Lösung gefunden. Wie ließe sich sonst auch der Satz erklären: die Gallier «verließen das Sumpfgelände und bezogen auf dem Ufer der Seine vor Lutecia Stellung». Wenn sich der Sumpf vor Lutecia befunden hätte, wäre jede Ortsveränderung unnötig gewesen. Folglich ist die alte Theorie die Beste.

Henry Soulhol

Caesar, von Gergovia nach Avrolles Labienus, von Lutecia nach Avrolles Vercingetorix, von Gergovia nach Bibracte

Caesar zog geordnet von Gergovia ab und marschierte in Richtung des Gebietes der Häduer (Abb. 51).

Am dritten Tag überquerte er in der Umgebung von Vichy, 60 km von Gergovia entfernt, den Allier, um zwischen sich und Vercingetorix ein Hindernis zu legen. Da dieser Caesar nicht verfolgte, verlor er den Krieg, den er vielleicht gewonnen hätte, wenn er die auf dem Rückzug befindlichen Legionen weiterhin angegriffen hätte.

Damals erfuhr Caesar von der Plünderung seiner Basis in Noviodunum. In der Geländekammer zwischen Allier und Loire beschleunigt er am Tag wie in der Nacht den Marsch, um die Loire überraschend zu überqueren, bevor die Haeduer die Kontrolle über die Brücken und Übergänge für sich sicherstellten. Der Übergang durch eine Furt (BG. VII 56) fand mit großer Wahrscheinlichkeit in der Nähe von Bourbon-Lancy statt, 70 km von Vichy entfernt, dort, wo die Karte von Cassini (18. Jh.) auf der Strecke Moulins-Autun eine Furt bezeichnet. Daraufhin marschierte er in Richtung des Gebietes der Senonen, indem er durch die Täler des Aron, der Beuvre, der Yonne,

51

Abb. 51 Karte der Gegend zwischen Paris, Avrolles, Bibracte, Avaricum/Bourges und Gergovia. Rot: die Truppenbewegungen Caesars; Gelb: die Truppenbewegungen des Vercingetorix; Orange: die Truppenbewegungen des Labienus.

über Clamecy und Auxerre zog. Er erreichte schließlich den Straßenknotenpunkt von Avrolles. Die Distanz Gergovia-Avrolles beträgt 300 km, d. h. ungefähr 15 Tagesmärsche.

Dort erreichte ihn Labienus, der von Lutecia nach Sens zurückgekehrt war und den Weg über Sens-Cerisiers-Dilo-Avrolles genommen hatte (40 km). (Halten wir fest, daß diese Strecke durch den Wald von Othe über einen Paß führt,wo heute der T.G.V. fährt). Das Zusammentreffen fand im Grenzgebiet der Senonen-Lingonen und Häduer statt.

Zahlreiche Autoren haben dieses Treffen in der Region von Joigny lokalisiert, ohne jedoch das Gebiet und die Wegstrecken analysiert zu haben. Andere halten an der Region um Sens fest. Wenn man sich an den Text hält, ist dies jedoch wenig wahrscheinlich (außerdem waren die Senonen feindlich gesinnt). Gewisse Autoren verlegen die Sommerlager in die Region von Troyes oder in die von Langres. Alles dies sind wenig überzeugende Hypothesen.

Die sinnvollste Lokalisierung, die Märsche und Gegenmärsche vermeidet, scheint in einem Viereck zu liegen, das die vier Orte Joigny, Ligny-le-Chatel, Neuvy-Sautour (Noviodunum) und Sormery verbindet. Caesar war somit zu den Häduern hin durch den Serein, die Yonne und den Armançon geschützt, zu den Senonen hin durch den Wald von Othe. Er konnte sich bei seinen Verbündeten, den Lingonen und den Tricassi, mit Lebensmitteln versorgen.

In diesem Gebiet sind mehrere in Frage kommende Orte festgestellt worden. Es handelt sich um Anhöhen, auf denen Dörfer errichtet wurden, deren rechteckige Grundrisse militärische Lager (freilich ohne jegliche Sicherheit) vermuten lassen: Champlost, Chery, Mont Saint-Sulpice, Sormery etc.

Christian Goudineau

Bibracte

Der Name Bibracte, der Hauptstadt der Häduer, taucht im *Gallischen Krieg* mehrere Male auf und jedesmal in Verbindung mit wichtigen Ereignissen. Caesar hatte dort im Jahre 58 v. Chr., nach seinem Sieg über die Helvetier, die wichtigsten Führer der gallischen Stämme empfangen, die ihn – nach seinen Aussagen – baten, gegen Ariovist vorzugehen.

Im Verlauf des Jahres 52 v. Chr. erlebte Bibracte den Besuch der beiden Protagonisten, Caesar und Vercingetorix, jedoch jeweils unter ganz anderen Umständen. Das Oberhaupt der Arverner begab sich im Juni auf Wunsch der Häduer dorthin, um «*sich mit ihnen über die Kriegführung zu verständigen*». Der Wortlaut macht deutlich, daß die Häduer, nachdem sie dem allgemeinen Aufstand beigetreten waren, die Absicht hatten, die Führung zu übernehmen. Aber die Abstimmung der Krieger entschied zugunsten von Vercingetorix, der in seiner obersten Befehlsgewalt bestätigt wurde.

Caesar hingegen, der zwar mehr als einmal in das Land der Häduer eindrang (Ende April, Anfang Mai in Decize [Decetia], dann im Verlauf seines Marsches von Gergovia nach Avrolles), kam erst nach seinem Sieg vor Alesia nach Bibracte, um dort sein Winterquartier aufzuschlagen. Von Bibracte aus führte er im Januar des Jahres 51 v. Chr. einen Feldzug gegen die Carnuten, und daraufhin im März gegen die Biturigen. In Bibracte fand er auch Zeit, seine *commentarii* zu verfassen, mit einer Ausdauer und Spontanität, die Bewunderung hervorriefen.

Durch Caesars Erwähnungen bekannt geworden, hat Bibracte fortwährend das Interesse der Historiker auf sich gezogen. Seit dem 17. Jh. nahmen die meisten von ihnen an, daß sich die ehemalige Hauptstadt der Häduer unter der römischen Stadt *Augustodunum*, dem heutigen Autun, befinde.

52

***Abb. 52** Allgemeine Ansicht des Mont Beuvray.*

***Abb. 53** Der heute bewaldete Mont Beuvray, der Sitz des keltischen oppidum Bibracte. Fernsicht von Südost.*

53

54

55

56

57

Im 19. Jh. hat Jacques-Gabriel Bulliot, Weinhändler aus Autun und gleichzeitig ein großer Kenner der Region, diese Ortsbestimmung angefochten. Er plädierte für den Mont Beuvray, ein Massiv des Morvan, etwa 20 km westlich von Autun ge-

Abb. 54 Bibracte (Mont Beuvray). Die Böschung, die den Verlauf des antiken Walles (murus Gallicus) und den vorgelagerten Graben im Gelände markiert.

Abb. 55 Bibracte (Mont Beuvray). Der Verlauf von Wall und Graben des oppidum ist noch heute im Wald sichtbar.

Abb. 56 Eines der Haupttore des oppidum (Rekonstruktionszeichnung von J.-C. Golvin).

Abb. 57 Modell der Werkstätte eines Bronzegießers. (Musée de la Civilisation celtique et du site de Bibracte, Photo A. Maillier)

Abb. 58 Ausgrabung des murus Gallicus in Bibracte. Die parallelen Schlitze im Boden zeigen die Lage des ursprünglichen Holzdurchschusses. Die Holzbalken sind vermodert und haben die Hohlräume erzeugt.

Abb. 59a–c Die Wehrmauer des Mont Beuvray stellt eines der spektakulärsten Beispiele der Festungswerke dar, die Caesar unter dem Namen «murus Gallicus» (vgl. BG VII 23, 1–5) beschrieben hat. Der innere Aufbau der Mauern wird aus horizontal liegenden Balken gebildet, die durch Nägel zusammengehalten werden. Ein Füllwerk aus komprimierter Erde bildet die Mitte des Bauwerks. Seine Verkleidung besteht aus Steinen, die in einer gleichmäßigen Schicht verlegt sind. Bilder von der Rekonstruktion eines Wall-Sektors: Die Balken werden verlegt (a); die vor die Frontmauer vorstehenden horizontalen Balkenlagen dienen zunächst als Träger für das Baugerüst (b); ein fertig rekonstruierter Abschnitt des murus Gallicus (c).

58

59a

legen, wo sich im Gelände Spuren ehemaliger Befestigungen erhalten hatten und wo die Traditionen – vor allem religiöse Handlungen – die Erinnerung an eine bedeutsame Stadt bewahrten.

Im Jahr 1867 war Napoleon III. bestrebt, die Frage der Lokalisierung zu klären. Er ließ auf dem Mont Beuvray Ausgrabungen durchführen und beauftragte damit Bulliot. Dieser und anschließend sein Neffe Joseph Déchelette gruben bis 1907 auf dem Fundplatz und legten die Umwallung des *oppidum*, zahlreiche Werkstätten, einen Tempel mit seinen Nebengebäuden sowie große Häuser vom römischen Typus frei. Die Gegenstände aus Keramik und vor allem aus Metall vom Fundort Bibracte wurden zu europäischen Referenzobjekten für die Fundplätze aus dem Ende der Eisenzeit. Der Tod von Joseph Déchelette an der Front im Jahre 1914 beendete diese Untersuchungen. Man mußte bis ins Jahr 1985 warten, als auf Anregung von Präsident François Mitterand neue Expeditionen durchgeführt wurden. Mitterand lud Gruppen aus ganz Europa ein, die in einem gemeinsamen Unternehmen zusammenarbeiten sollten, was auch geschah. Die neuen archäologischen Methoden ermöglichten eine Präzisierung der Chronologie. Sie bezeugen eine Besiedlung zwischen der Mitte des 2. Jhs. v. Chr. und den Anfängen unserer Zeitrechnung. Neue Befestigungen konnten festgestellt werden. Keller, Wohn- und Werkstätten, die reichlich Material enthielten, sind ausgegraben worden. Bauwerke von großem Interesse wurden freigelegt: ein Brunnenbecken aus Granit, das in der Mitte einer großen Straße stand, sowie ein Gebäude, das vielleicht für öffentliche Zwecke genutzt wurde und starken römischen Einfluß aufwies, etc. Gleichzeitig mit den wieder erfaßten Spuren einer großen gallischen Stadt konnten mediterrane Einflüße, der Austausch von Handelsbeziehungen sowie Entwicklungen jeglicher Art nachgewiesen werden. Ein Museum des Fundplatzes präsentiert die Ergebnisse dieser Untersuchungen und bietet einen Überblick über die keltische Zivilisation im 2. und 1. Jh. v. Chr.

59b

59c

Henry Soulhol

Caesars Rückzug

Caesar entschloß sich, wie er selbst berichtet, der römischen Provinz, die von den Verbündeten des Vercingetorix angegriffen wurde, *«Unterstützung zu gewähren»*. In der Tat hatte er kaum eine andere Wahl, als sich zurückzuziehen. Welchen Weg hat er vorgesehen? Dies wird man niemals erfahren, da ihm niemand gefolgt ist! Wahrscheinlich ist er über Mâcon bis in die Region von Lyon marschiert (Abb. 60). Von dort aus konnte man sich entweder in Richtung Provinz begeben, oder über Chambery den Mont-Cenis, Susa und Turin, die Gallia Cisalpina erreichen. Aber das sind nur überflüssige Mutmaßungen. Caesar verließ seine Sommerlager. Er hatte keine große Wegstrecke zurückzulegen, bevor er den Sieg erringen würde!

Viele Autoren haben sich gefragt, warum Vercingetorix sein Vorgehen geändert und den Kleinkrieg sowie die Taktik der verbrannten Erde aufgegeben hat, um den Kampf auf klassische Art in Form einer offenen Feldschlacht zu eröffnen. Hatte er festgestellt, daß die römischen Streitkräfte verringert waren und folglich der Augenblick günstig war, eine «allgemeine Gegenoffensive» zu führen? Sun Tzu schreibt in seinem Buch «L'art de la guerre», daß es nicht vernünftig ist, einen Feind während des Rückzuges anzugreifen oder ihn durch Nadelstiche zu beunruhigen: «Versperren Sie einem Feind, der in seine Heimat zurückkehrt, den Weg nicht.»

Wir dürfen den Einfluß der Häduer nicht unterschätzen. Sie hatten den Oberbefehl eines Arverners nur unter der Bedingung akzeptiert, daß er eine entscheidende Schlacht führen würde. Der Augenblick schien gut gewählt zu sein. Die römische Armee machte sich, mit all ihrem Gepäck beladen, wahrscheinlich demoralisiert, auf den Rückweg nach Italien.

***Abb. 60** Caesars Weg in die Provincia. Karte der Gegend zwischen dem Grenzgebiet der Senonen und Lingonen und der Provincia.*

***Abb. 61** Die antike Straße, die von der Region Avrolles bis in das Tal der Saône führt, hier in der Umgebung von Tonnerre photographiert.*

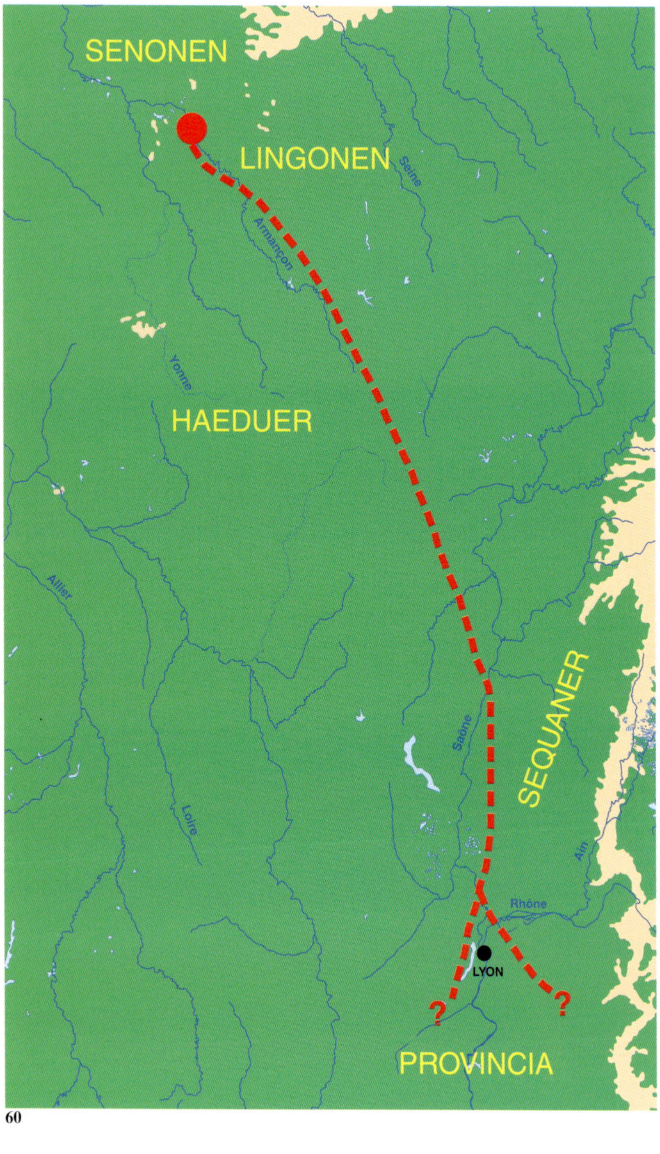

60

61

Henry Soulhol

Die Schlacht am Armançon

Die Reiterei der Germanen bringt Caesar den Sieg

Betrachten wir die Route, die bei Avrolles beginnt und über Tonnerre, Lézinnes, Ancy-le-Libre, Ancy-le-Franc, Ravières, Asnières-en-Montagne, Arrans, Montbard, Vieumoulin und Sombernon bis zur Saône führt, genauer. Es handelt sich dabei um eine der antiken Straßen, die von Nordwesten nach Südosten die Haute Bourgogne durchqueren. Diese Straße konnte Caesar benutzen, um Südfrankreich zu erreichen (Abb. 61. 62).

Folgen wir dem Weg Caesars. Er überquert den Armançon in der Nähe von Avrolles: eine Furt (genannt «gué des Pierres») ist noch heute sichtbar (Abb. 63). Der Fluß, dessen Wasser zum Teil in den «Canal de Bourgogne» abgeleitet worden ist, war im Altertum ein wichtiger Wasserlauf. Die römische Armee gelangt auf dem linken Ufer nach Lézinnes, wo eine andere Furt den Übergang auf das rechte Ufer ermöglicht. Um die Niederungen zu umgehen, führt der Weg auf ein Plateau, das heute von den kleinen Ortschaften Ancy-le-Libre, Ancy-le-Franc und Ravières gegliedert wird. Diese Gegend liegt am äußersten Rand des Gebietes der Lingonen (*per extremos Lingonum fines*), was die Flurnamen, die sich von *fines* herleiten, belegen: Fain-les-Montbard, Fain-les-Moutiers. In dieser Region fand die sogenannte Kavallerieschlacht (bataille dite de cavalerie) statt.

Lesen wir Caesars Darstellung: Die römische Armee hatte sich vorverschoben. Vercingetorix hatte ungefähr 10 000 Schritt (10 Meilen, 15 km) von den Römern, d. h. von dem Ort, wo diese für die Nacht anhielten, entfernt, drei Lager errichtet. Am Morgen nehmen die Römer ihren Marsch wieder auf. Caesar schreibt (BG. VII 67,1–5): «*Nachdem am folgenden Tag die Reiterei in drei Gruppen aufgeteilt worden war, zeigten sich zwei Schlachtreihen auf beiden Seiten und eine weitere begann bei der Vorhut unseren Marsch zu behindern. Auf diese Nachricht hin teilte Caesar seine Reiterei ebenfalls in drei Gruppen und gab den Befehl, gegen die Feinde vorzurücken. Auf allen Seiten wurde gleichzeitig gekämpft. Der Heereszug blieb stehen. Der Troß wurde von den Legionen in die Mitte genommen. Wenn die Unsern auf irgend einer Seite Mühe hatten oder allzu hart bedrängt zu werden schienen, ließ Caesar in diese Richtung die Feldzeichen*

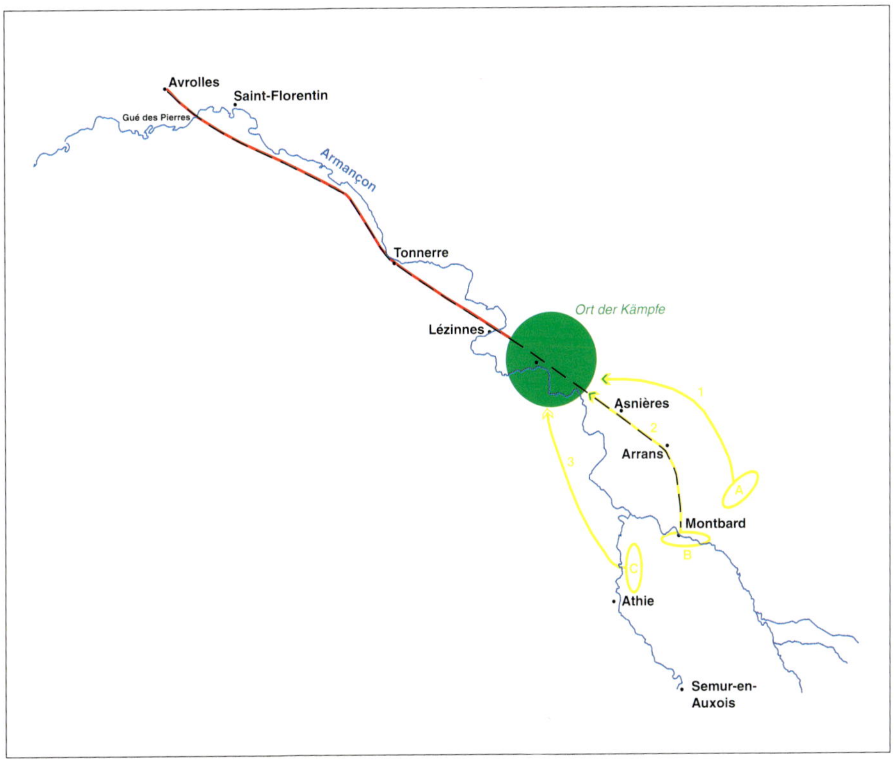

62

63

Abb. 62 Karte des Tales des Armançon zwischen Avrolles und Semur-en-Auxois (nahe Alesia). A, B, C: Die Lager des Vercingetorix; 1–3: Die Vorstoßrichtungen der gallischen Reiterei.

Abb. 63 Die «gué des Pierres» genannte Furt durch den Armançon.

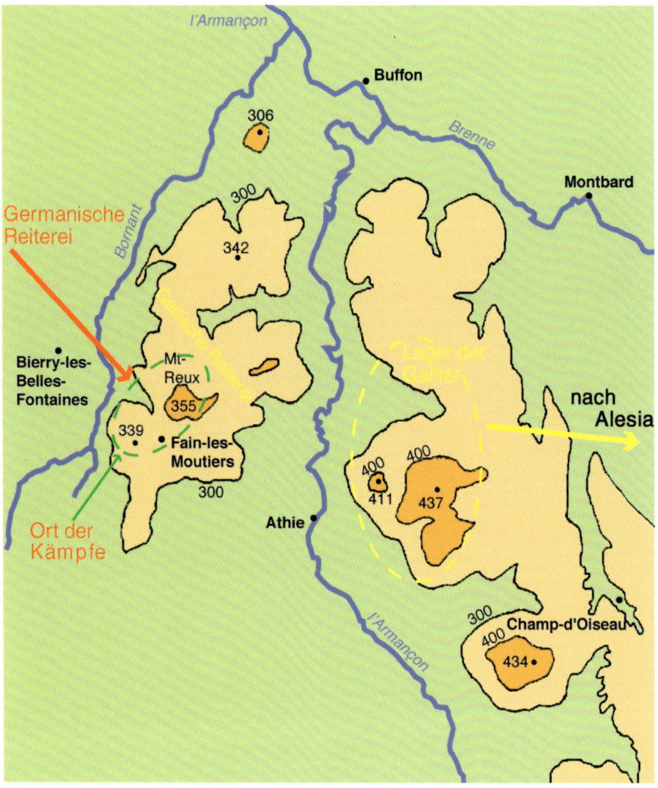

64

65

66

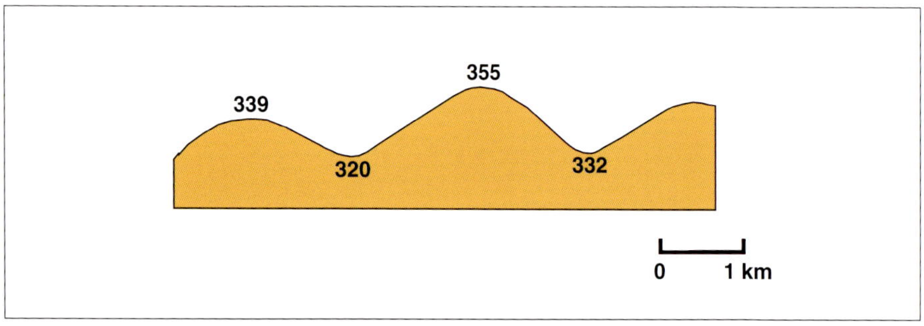

67

vortragen und die Schlachtreihe Front machen. Dieses Vorgehen verlangsamte die Feinde beim Vordringen und bestärkte die Unsrigen in der Hoffnung auf Hilfe. Schließlich vertrieben die Germanen (= die Reiter, die Caesar angeworben hatte), die vom rechten Flügel her die höchste Stelle der Einsattelung erreicht hatten, die Feinde vom Platze. Sie verfolgten die Fliehenden bis zum Fluß, wo Vercingetorix mit den Fußtruppen Stellung bezogen hatte, und töteten mehrere.»

Die Landschaft ist somit ziemlich genau bestimmt. Ein Fluß, an dem die gallische Infanterie, auf der Achse des Heereszuges der Legionen Stellung bezogen hatte, und in der Nähe der drei von Vercingetorix errichteten Lager. Die Gegend wird von einer Anhöhe beherrscht, die ein Reitergefecht begünstigt (Abb. 65. 66).

Diese Geländebedingungen sind in der Nähe von Montbard gegeben: Drei Anhöhen, auf denen die gallischen Lager errichtet werden konnten; eine markante Anhöhe (die zudem die Form einer Einsattelung hat), la Montagne Reux (355 m ü. M.), von der man das Gebiet überblicken konnte (Abb. 67).

Folglich lassen sich die Ereignisse mit dem Gelände in Übereinstimmung bringen. Von seinen drei Lagern (Abb. 62, A–C) aus stellte Vercingetorix seine Fußtruppen am Ufer des Armançon auf. Er schickt seine Reiterei an die Spitze sowie an die Seiten des Zuges der vorrückenden römischen Armee. Diese bleibt stehen. Die römische Reiterei bietet die Stirn. Die entscheidende Schlacht findet auf der Montagne Reux statt. Die Gallier werden an den Fluß (den Armançon) zurückgedrängt.

Um nicht umzingelt zu werden, zieht sich Vercingetorix in Richtung Montbard-Alesia (14 km) zurück. Caesar trifft am folgenden Tag vor Alesia ein und beginnt sofort mit der Belagerung.

***Abb. 64** Auszug aus der Karte Abb. 62. Der Ort der Kämpfe an der Montagne Reux.*

***Abb. 65. 66** Die Gegend, in der die Schlacht stattfand, in ihrem heutigen Zustand.*

***Abb. 67** Profil durch die Geländegestalt in der Nähe der Montagne Reux, das eine Vorstellung von dem Rinderjoch (dem «jugum») gibt, das Caesar in seinem Text (BG VII 67,5) erwähnt.*

Michel Reddé

Alesia

BG VII 69, 1 ff.: *«Das oppidum Alesia selbst lag oben auf einem Hügel in einer großen Höhe, so daß es schien, daß es außer durch eine Belagerung nicht eingenommen werden könnte. Zwei Flüsse umspülten die Abhänge dieses Hügels auf zwei Seiten. Vor dem oppidum erstreckte sich eine ungefähr drei Meilen weit sich in die Länge ausdehnende Ebene. Auf allen anderen Seiten umschlossen das oppidum in geringem Abstand Hügel von ziemlich gleicher Höhe, wie es selbst. Unterhalb der Mauer jenes Teiles des Hügels, der gegen Osten blickt, hatten die Truppen der Gallier den ganzen Platz besetzt und einen Graben ausgehoben und eine sechs Fuß hohe Lehmmauer errichtet. Der Umkreis der von den Römern angelegten Belagerungswerke betrug 11 Meilen. Lager wurden auf günstigem Platz aufgeschlagen (acht an der Zahl und sie wurden untereinander mit Befestigungswerken verbunden). Dort wurden auch 23 Kastelle angelegt, die bei Tage mit Posten besetzt waren [...]»* (Abb. 71).

BG VII 72, 1 ff.: *«[Caesar] ließ einen 20 Fuß breiten Graben mit senkrechten Seitenwänden ziehen, so daß der Boden dieses Grabens gleich breit war, wie oben der Abstand der Grabenränder. Alle übrigen Befestigungsanlagen nahm er 400 Fuß von diesem Graben zurück [...]. In dieser Entfernung ließ er zwei 15 Fuß breite und gleich tiefe Gräben ziehen. Von diesen setzte er die ebenen und niedrig gelegenen Stellen unter Wasser, das er aus einem Flusse ableitete. Hinter den beiden Gräben errichtete er einen 12 Fuß hohen Damm und Wall. Auf ihn setzte er eine Brustwehr und Zinnen auf. Gewaltige gabelförmige Spitzpfähle ragten an den Verbindungsstellen der Brustwehr und des Dammes hervor, die den Feinden das Erklimmen erschweren sollten. Das gesamte Werk versah er in Abständen von 80 Fuß mit Türmen.»*

BG VII 73, 2 ff.: *«Auch glaubte Caesar, diese Befestigungswerke noch verstärken zu müssen, um sie auch mit einer geringeren Truppenzahl verteidigen zu können. Es wurden also Baumstämme mit ausreichend dicken Ästen abgesägt. Deren Enden wurden von der Rinde befreit und vorne zugespitzt. Dann wurden fortlaufende, fünf Fuß tiefe Gräben gezogen. In diese wurden die Pfähle eingerammt und ragten, unten gegenseitig verbunden nur mit dem Astwerk hervor, so daß sie nicht herausgerissen werden konnten. So wurden fünf Reihen miteinander verbunden und verflochten. Wenn aber jemand eindrang, so geriet er in die spitzen Pfähle. Die Soldaten nannten sie Grabsteine. Vor diesen wurden in schrägen Reihen und versetzt nach der Fünferanordnung auf einem Würfel drei Fuß tiefe Gruben ausgegraben, die sich nach unten trichterförmig verengten. In diese wurden glatte Pfähle vom Durchmesser eines Oberschenkels, oben zugespitzt und durch Feuer gehärtet, eingeschlagen, so daß sie nur vier Finger breit über den Grabenrand hinaus ragten. Um deren Festigkeit und Stabilität zu sichern, füllte man die Löcher fußhoch mit festgestampfter Erde. Um die Falle zu verbergen, wurde der übrige Teil der Grube mit Ast- und Buschwerk bedeckt. Man stellte je acht Reihen solcher Gruben her, die je drei Fuß voneinander entfernt waren. Der Ähnlichkeit mit den entsprechenden*

Abb. 68 *Luftbild der Lage von Alesia von Süden her gesehen. Im Zentrum das oppidum. Die Buchstaben und Zahlen entsprechen den Lagern und Kastellen, wie sie Napoleon III. bezeichnet hatte. (Photo R. Goguey)*

68

Blumen wegen nannten die Soldaten diese Fallgruben «Lilien». Vor diesen wurden Fußangeln, die einen Fuß lang waren, mit eingeschlagenen eisernen Widerhaken ganz in die Erde eingegraben und in kleinen Zwischenräumen überall verlegt. Diese nannten die Soldaten ‹Ochsenstachel›.

Nach dem Bau dieser Anlagen legte Caesar in einem möglichst ebenen Gelände in einem Umkreis von 14 Meilen je nach der Beschaffenheit der Örtlichkeiten eine zweite, ähnliche Befestigungslinie an, aber in entgegengesetzter Richtung von der ersten, d. h. mit der Front gegen einen von außen nahenden Feind [...].»

BG. VII 83, 2 ff.: *«Im Norden lag eine Höhe, welche die Unseren wegen ihrer Ausdehnung nicht in den Befestigungsgürtel hatten mit einbeziehen können. Notgedrungen hatten sie daher dort an einer fast ungünstigen Stelle, an einem leicht abfallenden Hang ein Lager aufgeschlagen.»*

Über dieser Passage aus dem «Gallischen Krieg» Caesars wurde viel Tinte vergossen. Weil diese Episode für die Geschichte Frankreichs von zentraler Bedeutung ist, wurde sie zum «Ort des Gedächtnisses» und nationales Symbol des Widerstands gegen die Invasion, dies insbesondere seit einem Jahrhundert. Als erstes Kapitel der Geschichte Frankreichs, mit dem gewöhnlich die Schulbücher für den Geschichtsunterricht beginnen, wurde Alesia auch immer wieder zu einem jener Streitpunkte, welche die Franzosen in ihren Bann ziehen, und die ihre Nachbarn zugleich irritieren, weil hier Irrationales und kollektive Phantasie ins Spiel gebracht werden.

Die *commentarii* Caesars wurden beständig als Zeugen angerufen, sei es zur Unterstützung, sei es zur Bekämpfung einer bestrittenen Identifikation Alesias. Sie wurden so zu einem unentwirrbaren Knäuel verschiedenster Interpretationen, bei denen die angenommene Übereinstimmung zwischen der beschriebenen Topographie und dem vorgeschlagenen Gelände zur einzigen Diskussionsgrundlage wurde und als Alibi für die abstrusesten Theorien diente.

Man vergißt allzu oft: Nicht Napoleon III. eröffnete diese Diskussion, die 1855 plötzlich aufgrund einer phantasievollen Identifizierung von Alaise im Jura mit dem historischen Alesia anhand der Ortsnamen aufkam. Jedermann glaubte bis dahin, daß der Ort der berühmten Schlacht mit Sicherheit im Auxois zu lokalisieren sei. Man folgte damit einer gelehrten Tradition, die bis in die Mitte des 9. Jhs. zurückreicht. Berichtete doch der Chronist Villani aus Florenz, der Frankreich um 1300 bereiste, Überreste der Belagerung durch Caesar seien zu seiner Zeit noch sichtbar gewesen? 1838 schien die Entdeckung einer Inschrift in gallischer Sprache in Alise-Sainte-Reine endgültig die allgemeine Meinung zu bestätigen, da der Name von ALISIIA, d. h. der Name der antiken Siedlung, hier voll ausgeschrieben vorlag (Abb. 92). Seither sind andere epigraphische Belege in lateinischer Sprache gefunden worden, die den Namen der Bewohner des Mont-Auxois als Ali(sienses) belegen.

Die Grabungen in Alesia begannen im Jahre 1861 auf Befehl von Napoleon III., in der Absicht, die römischen Überreste aufzudecken und die traditionelle Identifizierung Alesias nachzuweisen (Abb. 71). Als erste nationale archäologische Unternehmung hatten diese Grabungen in vielerlei Hinsicht in dieser Pionierzeit der Archäologie Modellcharakter. Wenn die Publikation, die der Kaiser hinterließ, sicher zu wünschen übrig läßt, da sie schamlos objektive Gegebenheiten und Interpretationen vermischt, so zeigen doch die Grabungsaufnahmen, die Korrespondenzen, sowie vor allem die Pläne, die von Millot, dem Straßenmeister von Flavigny, aufgenommen worden waren, die Sorgfalt, die Klugheit und die Ernsthaftigkeit unserer Vorgänger an.

Damals legte man enge Schnitte rechtwinklig zu den Befestigungslinien an. Zahlreiche Spuren der alten Grabungen haben die neueren Forschungen erkennen lassen. Wenn man einen der Gräben dank der verschiedenen Färbungen des Bodens, wegen der Eintiefungen im geologischen Substrat, oder dank der Konsistenz des Bodens gefunden hatte, verschob man weitere Grabungen um einige 10 m seitlich, um dieselbe Belagerungslinie zu finden. Grundrisse und Schnitte nahm man maßstäblich auf. Der Text Caesars und die Eingebung leitete die Forschungen. Wenn man eine Linie verloren hatte, weil sie plötzlich abbog, so vervielfachte man die Zahl der Schnitte. Diese Taktik erlaubte es, innerhalb von 5 Jahren den Mont-Auxois zu umrunden und die Gesamtheit der Belagerungstopographie zu identifizieren. Die Ausgräber im Auftrage von Napoleon III. nannten die Einschließungslinie des *oppidum*, jene Umwallung also, die den Ausfall der Belagerten verhindern sollte, «Contrevallation»; die zweite Anlage, die nach außen, d. h. gegen das Entsatzheer gerichtet war, wurde «Circonvallation» genannt. Man identifizierte mehrere Lager auf den umliegenden Anhöhen, besonders im Norden auf der Montagne de Bussy und im Süden auf der Montagne de Flavigny (Abb. 71). Im übrigen barg man aus den Gräben, besonders in der Ebene von Grésigny am Fuße des Mont Réa, eine Vielzahl von Waffen und Münzen sowohl keltischen als auch römischen Ursprungs. Sie befinden sich heute im Musée des Antiquités Nationales von Saint-Germain-en-Laye und stellen dort eine der wichtigsten Sammlungen dar.

Die Grabungsmethoden der damaligen Zeit erlaubten es nicht, kleinere Grabenstrukturen (wie etwa Pfostenlöcher und Fallgruben) zu dokumentieren.

Als Baron E. Stoffel, dem Napoleon III. die erfolgreiche Durchführung dieses Unternehmens anvertraut hatte, im Herbst 1865 abreiste, um die Grabungen am «Puy d'Issolu» zu beginnen, waren die Untersuchungen im Gelände beendet, und das archäologische Dossier blieb bis 1991 geschlossen. Abgesehen von wenigen, sehr punktuellen Sondierungen zwischen dem Zweiten Weltkrieg und der Mitte der 80er Jahre fehlten Geländeuntersuchungen zu den Belagerungswerken vor Alesia im Bereiche der wissenschaftlichen Planungen seit 1865 fast völlig. Dagegen diskutierte man heftig über das Dossier von Napoleon III., wobei jeder sich mit seinem Kommentar, mit seiner Interpretation oder, im Gegenteil, sich mit seiner Kritik daran machte. «Der Streit um Alesia», den die Grabungen des zweiten Kaiserreiches hätten im Keime ersticken sollen, wurde durch den «Akademismus» einer längst vergangenen Zeit genährt. So bedurfte es im Jahre 1990 des direkten Eingreifens des «Ministère de la Culture», daß auf breiter Basis ausgedehnte Geländeuntersuchungen beginnen konnten, die einer Gruppe von französischen und deutschen Forschern anvertraut wurden. Am Ende der Kampagne, da nun die detaillierte Publikation vorbereitet wird, läßt sich heute eine kurze und zusammenfassende Bilanz ziehen (Abb. 74). Der Leser möge verzeihen, daß in diesem Rahmen ihm nur ein kleiner Ausschnitt aus den zahlreichen Informationen vorgelegt wird, die allzu reich sind, als daß sie in allen Einzelheiten kommentiert werden könnten.

Das Lager des Labienus und die anderen Lager

Beginnen wir unseren Überblick auf der Montagne de Bussy, wo die spektakulären Luftaufnahmen von R. Goguey ein komplexes System antiker Verschanzungen ergaben, die bereits durch die Sondiergräben von Stoffel (Abb. 69) erfaßt worden waren, jedoch ohne jenen

Gesamtüberblick, zu dem uns die moderne Forschung einlädt (Abb. 72).

Das Lager (Camp C), nimmt eine Fläche von ca. 7 ha ein und erscheint auf einer Reihe von Luftbildern in stark gerundeter Form, von der in der Lehre an den Universitäten selten gesprochen wird, da sie schlecht der «kanonischen» Vorstellung entspricht, die man sich von einem römischen Lager macht. Dieses hat angeblich rechteckig, symmetrisch, mit der Richtschnur gezogen, d. h. furchtbar militärisch, zu sein. Zu Unrecht übrigens, denn analoge Exemplare finden sich am Germanischen Limes kaum ein halbes Jahrhundert nach Caesar. Im Nordosten des Lagers befindet sich ein Tor. Dank der Unterbrechung des Grabens und auf Grund der Anordnung der Pfostenlöcher, die seine architektonische Struktur erkennen lassen, ist es gut faßbar (Abb. 75. 77). Nach außen schließt ein kleiner Doppelgraben den Durchgang ab. Jeder Spezialist erkennt hierin mühelos ein *titulum*, mit anderen Worten ein Verteidigungssystem, das einen Frontalangriff auf diesen Schwachpunkt, wie ihn jedes Tor nun einmal darstellt, unmöglich macht. Nur die Römer wandten diese Technik an. Nach innen findet sich eine halbrunde Struktur, die vom Graben ausgeht. Auch hier hat der Spezialist keinerlei Mühe, sie als *clavicula* zu identifizieren. Die *clavicula* erfüllte dieselbe Funktion, wie das *titulum*, wenn das Hindernis des Tores überwunden worden sein sollte. Die Ausgrabung konnte diese Strukturen, da sie in den Felsen eingegraben waren, nachweisen, natürlich mit weit mehr Einzelheiten als das Luftbild dies vermochte (Abb. 73a.b. 75. 76).

In der Nordostecke des Lagers stößt ein Graben an. Er ist nach innen von einer Reihe von Türmen gesäumt, die seinen Verlauf markieren. Davor finden sich vier sehr kleine Gräben, eher in den Fels gegrabene Rinnen, wo kleines Astwerk untergebracht werden konnte und wo noch die entsprechenden Verkeilungen erhalten sind; diese Konstruktionen erinnern an Caesars Beschreibung der *cippi*. Zwischen dem Lager und dieser Linie, die

69

70

***Abb. 69** Colonel Stoffel (1823–1907). Der erste Ausgräber von Alesia.*

***Abb. 70** Die Ankunft der Statue des Vercingetorix in Alise-Sainte-Reine (alte Postkarte).*

Auf den folgenden Seiten:

***Abb. 71** Alesia. Plan des oppidum und der römischen Belagerungsanlagen. Tafel 23 der «Histoire de Jules César» von Napoleon III.*

über das gesamte Plateau läuft (es handelt sich um die «Circonvallation»), erlaubt ein Tor, Ausfälle zu machen. Die Prospektionen von R. Collot haben hier (wahrlich ein kleines Wunder) zwei Schleuderbleie mit der Inschrift T.LABI. zutage gefördert (Abb. 77). Angesichts der bekannten Tatsache, daß der Hauptlegat von Caesar T(itus) Labi(enus) hieß, muß man feststellen, daß der Zufall bei den Entdeckungen zeitweise eine außerordentliche Rolle spielt. Hierzu sind auch die Funde von Waffen (Pfeilspitzen und Katapultpfeile), die Fragmente militärischer Ausrüstung (so z. B. Schildbuckel), Münzen (römische und vor allem keltische), die hervorragend mit einer Datierung um die Mitte des 1. Jhs. v. Chr. übereinstimmen, zu zählen.

Auf der südlichen Rückseite des Lagers zeigen die Luftaufnahmen von R. Goguey ein zweites Tor; wir haben selber ein bisher unbekanntes drittes ausgegraben, eines, das nach Osten zu liegt und ebenfalls mit einer *clavicula* versehen war. Verschiedene Ausgrabungen auf der Montagne de Bussy erlaubten, den Aufbau der «Circonvallation» sowie Unregelmäßigkeiten in ihrem Verlauf zu kontrollieren.

Im Süden, auf den verschiedenen Anhöhen der Montagne de Flavigny, sind die Luftaufnahmen aufgrund der dichten Pflanzendecke weniger aussagekräftig. Die Ausgrabung erbrachte dafür um so deutlichere Resultate. Am südlichen Ende des Lagers B, dessen Wall noch an einem Saum von Steinsetzungen erkennbar und durch eine Reihe von Türmen markiert war, stößt die «Circonvallation» an, indem sie einen Durchgang zwischen ihrem Ende und dem Lager freiläßt. Die Anlage wird nach vorne durch eine Reihe linear angeordneter Fallgruben geschützt, die mit denen auf der Montagne de Bussy identisch sind. Einige spektakuläre Funde, insbesondere sog. *tribuli*, metallene Dornenbündel mit mehreren Armen, die auf den Boden geworfen wurden, sowie keltische und römische Münzen ergänzten den architektonischen Befund.

Etwas weiter im Osten, im Lager A (Abb. 81), enthält das Nordtor erneut eine *clavicula*. Das Südtor, das Napoleon III. nicht gesehen hatte, erwies sich 1997 als das spektakulärste. Es war durch ein enormes *titulum* geschützt . Italische Weinamphoren, Steinkugeln und Katapultpfeile bezeugen den römischen Charakter dieses Feldlagers, das Napoleon III. Caesar selbst zugewiesen hatte.

Die Verteidigungsanlagen in der Ebene

Die Anlagen zur Verteidigung in der Ebene sind wegen des Untergrundes, in den sie eingetieft sind, weitaus komplexer. Unsere Kollegen von der Römisch-Germanischen Kommission des Deutschen Archäologischen Institutes haben seit 1992 ein kompliziertes System von Gräben, Fallgruben und Erdwällen am Rande der Ebene von «Les Laumes» freigelegt (Abb. 83–85). Heute erlaubt ein durchgehender Teilabschnitt der «Contrevallation» von über 200 m Länge eine recht präzise Beschreibung. Ein Dutzend Türme mit rechteckigem Grundriß, die untereinander im Abstand von ca.

LÉGENDE
A,B,C Camps d'infanterie, sur les hauteurs.
D Camp de deux légions, attaqué par l'armée de secours.
G,H,I,K Camps de cavalerie, près de l'eau.
1,2,..23 Castella.
m Petit mur (encore existant) pour inonder le fossé de la contrevallation.
f f f Fossé de 20 pieds de large.
P Q R S Camp gaulois.
J.C. Position de César, dernière bataille.
Fossés présumés non retrouvés par les fouilles.
Seigny
Grignon
les Granges
Ménétreux-le-Pitois
Mont Réa
Route Impériale
Ancienne voie romaine
la Brenne Riv.
les Laumes
Plaine des Laumes
Circonvallation
Contrevallation
Voie romaine
ALISE-Ste Rein
Mn de Bèze
Mn Dulhu
l'Ose
l'Oserain
Venarey
l'Epineuse Fme
Armée gauloise de secours
Mussy-la-Fosse
Massingy-les-Semur
Pouillenay
Préhaut
Paris à Dijon
Semur à Dijon
Fontaine salée
Grés sous-
PLAT

Marche de l'armée gauloise de secours
Lucenay
Fresne
Fain
Courcelles
Eringes
Bussy-le-Grand
Benoisey
Seigny
Grignon
Ménétreux
Grésigny
Lantilly
Alise
Ste Reine
Venarey
Mussy-la-Fosse
Massingy
Flavigny
Pouillenay
Rue du Vaux
Rue de Pissot
Rue du Château
Rabutin
Montagne de Bussy
Voie romaine
Route de Semur
Darcey
Dijon
L'OPPIDUM D'ALESIA
Mont Auxois
Ravouze
Les Celliers
St Georges
Munois
Epermaille Fme
Voie romaine
Mont Pennevelle
Gissey
sous-Flavigny
Montagne de Flavigny
FLAVIGNY
L'Oserain
Faubg St Jacques
Haute-Roche

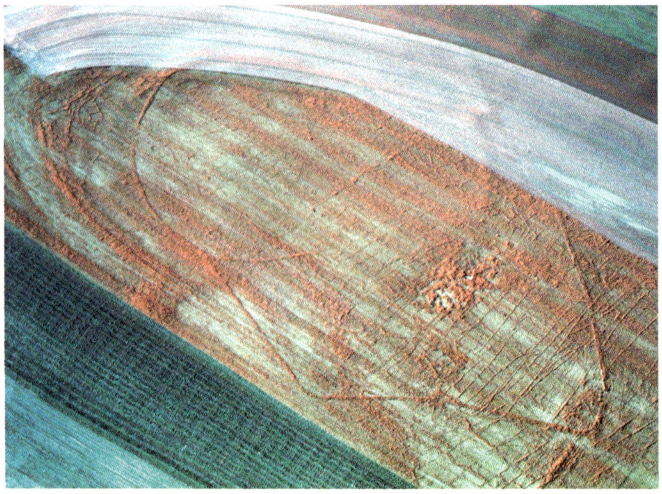

72a

72b

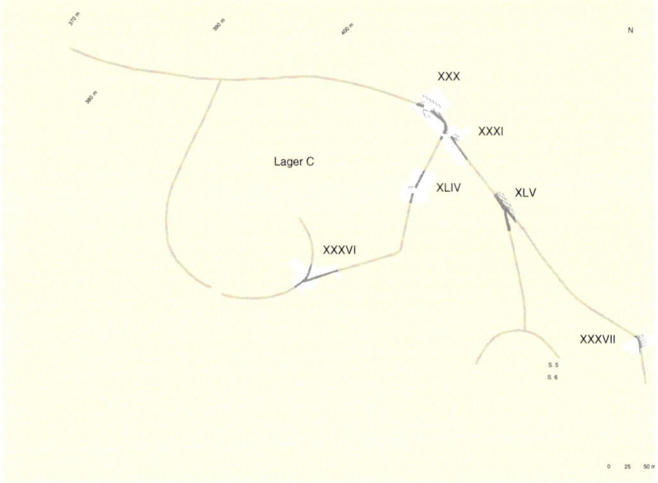

73

74

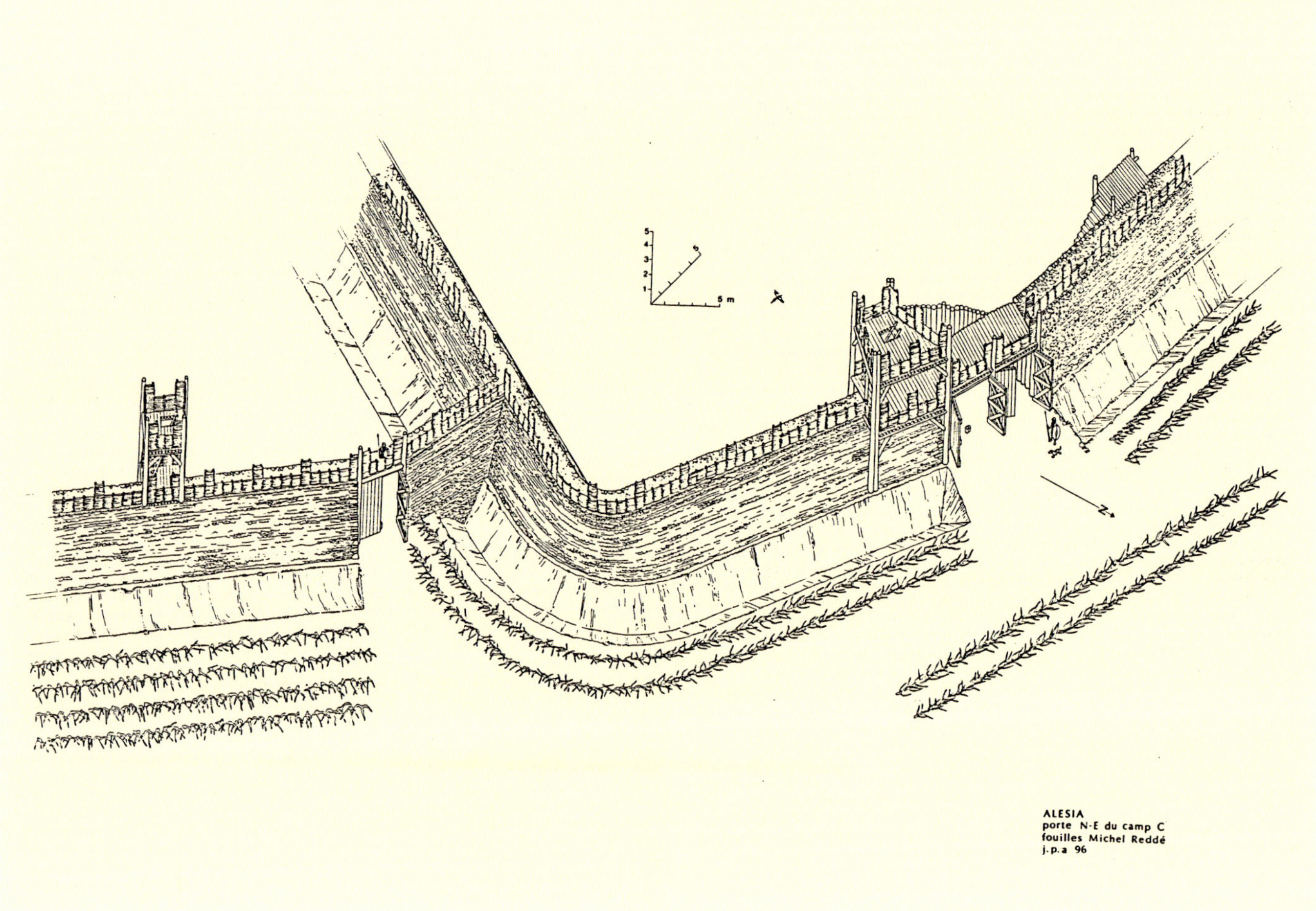

75

76

77

78

79

Abb. 72a.b *Das Lager C auf der Montagne de Bussy im Luftbild und in der Umzeichnung. (Photo und Umzeichnung R. Goguey)*

Abb. 73 *Plan der Grabungen, die 1991 im Lager C durchgeführt wurden.*

Abb. 74 *Luftbild der Freilegung des Nordost-Tores des Lagers C. (Photo R. Goguey)*

Abb. 75 *Rekonstruktion des Nordost-Tores des Lagers C und seiner Verbindung zur «Circonvallation». (Zeichnung J.-P. Adam, CNRS)*

Abb. 76 *Luftbild des Nordost-Tores des Lagers C mit titulum-Graben. (Photo R. Goguey)*

Abb. 77 *Schleuderblei aus dem Lager C mit der Inschrift T(itus) LABI(enus). (Prospektion von R. Collot)*

Abb. 78 *Plan der Ausgrabungen am südlichen Wall des Lagers B. Links der Ausgangspunkt der «Circonvallation».*

Abb. 79 *Luftbild des südlichen Walls des Lagers B. Links der Ausgangspunkt der «Circonvallation». (Photo R. Goguey)*

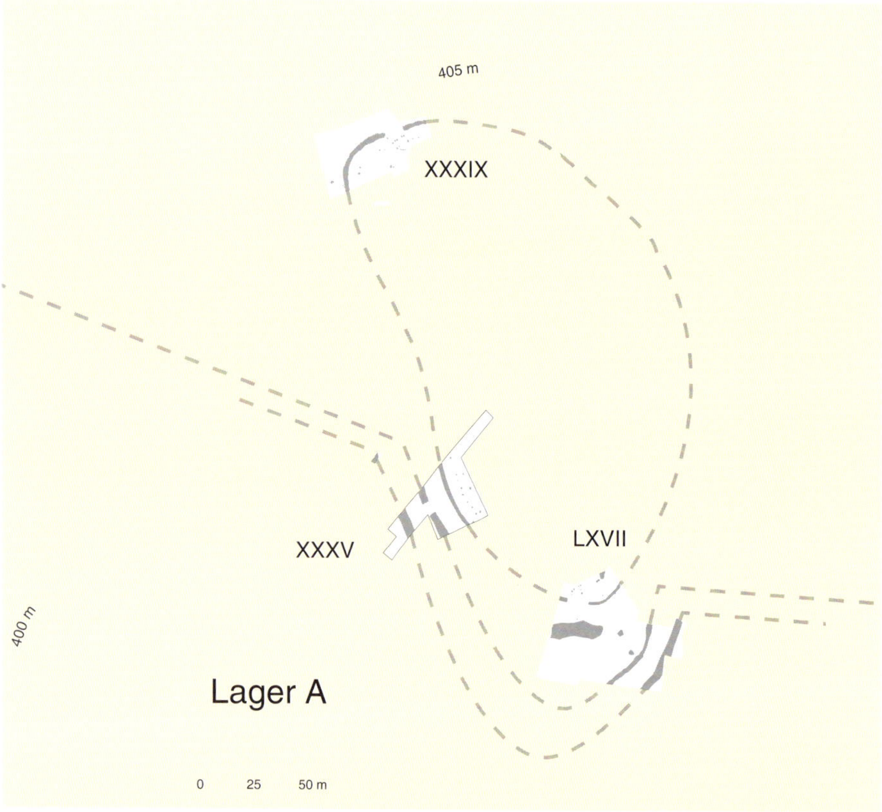

80

81

17–18 m stehen, markieren den Verlauf eines Verteidigungswalles aus Rasensoden, dessen konservierte Rasenziegel im Graben, der die Befestigungslinie begleitete, gefunden wurden. Vor der Befestigung liegt ein Glacis, das mit kleinen Fallgruben bestückt war. Sie bestanden aus einem Grundsystem aus Holz auf das man eventuell Metallspitzen aufsetzen konnte, die genau dem einen der Systeme entsprach, die Caesar beschreibt. Zwei Gräben, von denen der vordere mit Wasser gefüllt war, schlossen das Verteidigungsnetz nach vorne ab (Abb. 82. 83).

Die «Circonvallation» ist in der Ebene von etwas verschiedener Machart. Der Wall selbst scheint identisch zu sein, wie auch der Graben nahe beim Wall; aber das Glacis ist weniger breit und wird nur durch einen äußeren Graben geschützt. Demgegenüber tauchen hier im Vorfeld neue Systeme von Fallgruben auf. Beim «Carrefour de l'Epineuse» fanden sich sog. Wolfslöcher von kegelstumpfförmigem Profil.

Vergleichbare Systeme wurden am Fuße des Mont Réa gefunden und ausgegraben, wo der äußere Graben der «Contrevallation» durch eben diese kegelstumpfförmigen Wolfsgruben geschützt war, in denen sich gelegentlich keltische Waffen verbargen (Abb. 85. 86). Dort findet man auch die dritte Art von Fallen nach der Beschreibung Caesars, die typisch römischen «Lilien», welche übrigens von verschiedenen Kastellen am Limes bekannt sind, speziell auch vor der Linie des Antoninuswalles in Schottland.

Kehren wir für einen Moment in die Ebene von «Les Laumes» zurück, wo die deutschen Grabungen zwischen den beiden Verteidigungslinien ein kleines «Kastell» zutage gefördert haben, das die Ausgräber von Napoleon III. nicht gesehen hatten (Abb. 83). Drei der vier Seiten sind ausgegraben worden. Jede von ihnen besaß ein geschütztes Tor. Das im Nordwe-

Abb. 80 Allgemeiner Übersichtsplan des Lagers A.

Abb. 81 Luftbild des Nordtores des Lagers A. (Photo R. Goguey)

Abb. 82 Rekonstruktionszeichnung der «Contrevallation» in der Plaine des Laumes. (Zeichnung J.-P. Adam, CNRS, und C. Adam)

Abb. 83 Übersichtsplan über die Grabungen in der Plaine des Laumes.

82

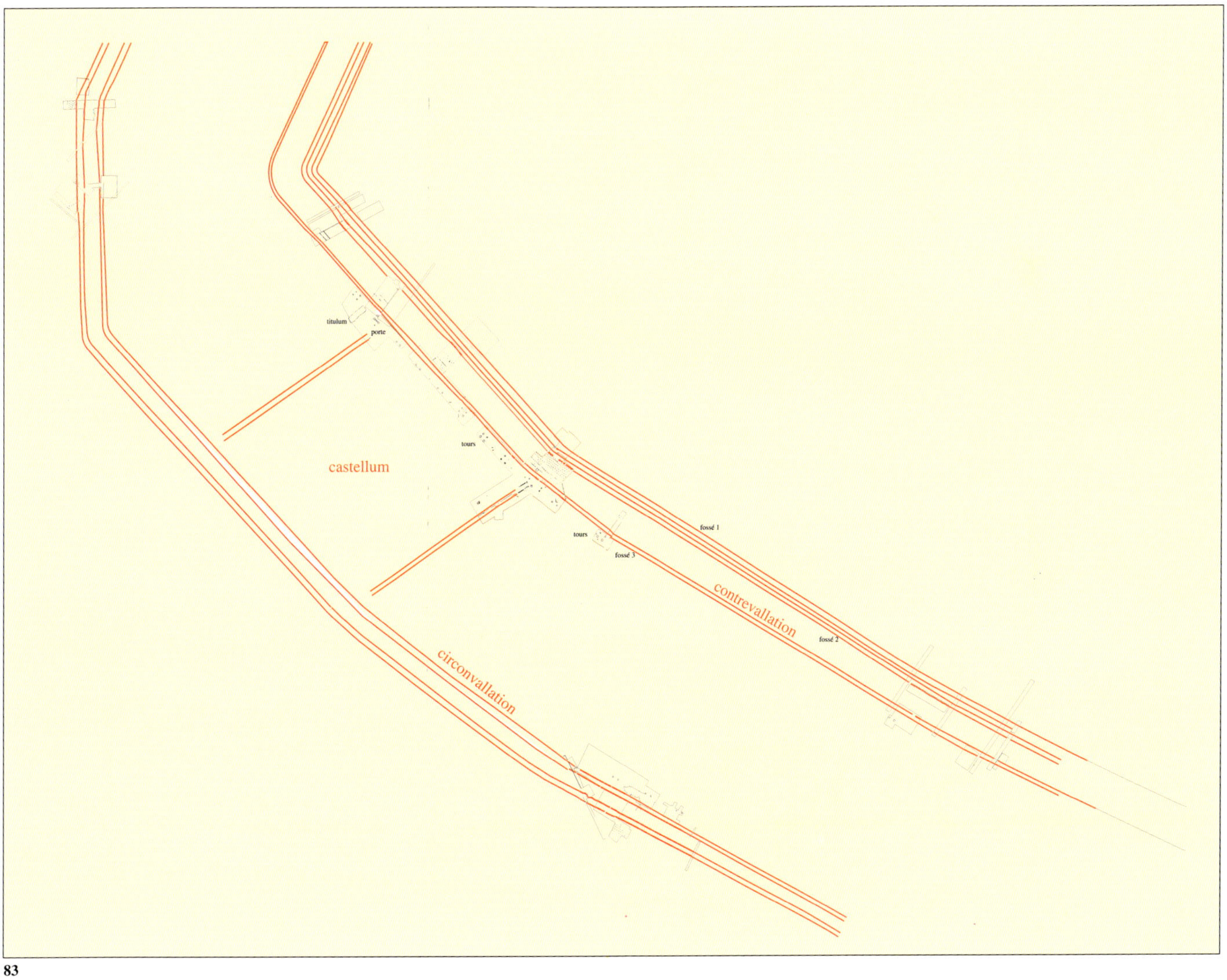
titulum
porte
tours
castellum
tours
fossé 1
fossé 3
contrevallation
fossé 2
circonvallation

83

sten wird ebenfalls durch ein *titulum* geschützt.

Ziehen wir Bilanz: Wir befinden uns am Fuße des kleinen Dorfes Alise-Sainte-Reine, dessen antiker Name ALISIIA war (Abb. 68. 71. 92). Rund um dieses *oppidum*, das mit einer Fläche von 97 ha eines der größten in Gallien war, und von dem die jüngsten Grabungen mehrere Abschnitte des *murus Gallicus* freigelegt haben, entdeckten wir ein System von römischen Militärstrukturen, dessen Charakter jegliche Diskussion ausschließt, zusammen mit römischen, gallischen und germanischen Waffen sowie 800 keltischen und römischen Münzen, die alle gut in die Mitte des 1. Jhs. v. Chr. datierbar sind. Unter den keltischen Münzen finden sich auch arvernische Stücke mit dem Bilde des Vercingetorix. Die römischen Münzen sind alle in die Zeitperiode vor 52 v. Chr. zu datieren.

Eines der beiden größten Lager wurde von einem gewissen Titus Labienus, dem Hauptlegaten Caesars während des gallischen Krieges, befehligt. Was will man noch mehr? Sogar Abraracourcix wüßte nun, wo man den Avernerschild finden kann!

84

85

***Abb. 84** Keltische Lanzenspitze in einem «Wolfsloch» verborgen.*

***Abb. 85** System der «Wolfslöcher», der sog. liliae, in der Plaine de Grésigny freigelegt.*

I. Le Gall

Die Schlacht von Alesia

Nach getroffenen Vorbereitungen machte sich die Entsatzarmee nach Alesia auf. Alle waren voller Elan und Vertrauen. Wie sollte der Feind auch nur den bloßen Anblick solcher Scharen aushalten? Wie sollten sie nicht in Panik ausbrechen, wenn sie sähen, wie die Belagerten, die aus dem *oppidum* ausrücken würden, um sie von der einen Seite her anzugreifen, während gleichzeitig beachtliche Truppenstärken an Kavallerie und Infanterie vor ihren Stellungen erschienen?

Als die gallische Armee den Ort erreichte, installierte sie sich auf einer Anhöhe in kaum 1000 Fuß (= 1520 m) Entfernung von den römischen Linien. Man hat nie Spuren ihres Lagers gefunden, das nicht aus allzu bedeutenden Anlagen bestanden haben kann, doch muß es sich bei der besagten Anhöhe zwangsläufig um den Berg von «Mussy-la-Fosse» gehandelt haben. Zwischen dieser Anhöhe und der Umwehrungsanlage der Römer stellte die Brenne kein allzu ernstes Hindernis dar, und die Ebene von 3000 Schritt öffnete sich weit.

Am folgenden Tag ließen die gallischen Generäle ihre 8000 Reiter in die 3000 Schritt weite Ebene, die sie vollständig auszufüllen schienen, ausrücken. Unterdessen stellte sich die Infanterie locker an den Abhängen des Hügels auf. Die Belagerten liefen auf der Umwallung des

Abb. 86 Vercingetorix. Gipsmodell von F.-A. Bartholdy, 1868. Musée des Beaux-Arts, Clermont-Ferrand.

86

87

oppidum zusammen: Das Spektakel war so großartig, daß es den Belagerten die Hoffnung auf Rettung zurückgab. Voller Erleichterung gratulierten sie einander, dann stellte Vercingetorix sie vor der Stadt auf. Einzelne rückten noch weiter vor, mit Faschinen ausgestattet, die in der langen Wartezeit vorbereitet worden waren. Sie warfen sie über den 20 Fuß breiten Graben, und da es der Faschinen ohne Zweifel nicht genug gab, begannen sie, den Graben mit Erde zu füllen. Nachdem ihre Aufgabe erfüllt war, sollten sich die Truppen gegen die «Contrevallation» werfen.

Caesar seinerseits ließ die beiden Verschanzungslinien von seiner Infanterie besetzen und befahl seiner Kavallerie, in die Ebene auszufallen und den Kampf aufzunehmen.

Für die Römer wurde das sehr hart: Viele wurden durch die Bogenschützen und durch die Leichtbewaffneten verletzt. Diese standen zwischen den gallischen Reitern und kamen diesen zu Hilfe, wenn ein Angriff ihrer Gegner sie zum Rückzug zwang.

Der Vorteil lag bei den Galliern: Vom Mont Auxois und dem Hügel von «Mussy-la-Fosse» aus brüllten und heulten die Kameraden, um sie anzufeuern. Das Höllenspektakel dauerte von Mittag bis gegen Sonnenuntergang – zweifelsohne während sechs oder sieben Stunden –, ohne daß der Vorteil sich in einen Sieg gewandelt hätte. Die Germanen, die Caesar vielleicht in Reserve behalten hatte, gruppierten alle ihre Schwadronen zu einem letzten Angriff auf einen Punkt; vor ihnen wurden die Gallier einmal mehr von Panik ergriffen und flohen. Die römischen Reiter mischten sich ein und führten die Verfolgung bis in die unmittelbare Nähe des feindlichen Lagers. Die Belagerten zogen sich in ihren festen Platz zurück.

Der Angriff in der Nacht

Dies war jedoch nur eine erste Schlacht und die Gallier wußten nun, woraus die Verteidigungsanlagen der «Circonvallation» in der Ebene von «Les Laumes» bestanden. Sie brachten den folgenden Tag damit zu, das Material vorzubereiten, das sie für einen weiteren Angriff benötigten: Faschinen und Leitern, um die Hindernisse zu übersteigen, Wallhaken, um die Annäherungshindernisse und die Brüstung des Walls herauszureißen.

Um Mitternacht rückten sie leise aus ihrem Lager aus und begaben sich in Richtung der Verschanzung. Diese Bewegung wurde mit soviel Vorsicht ausgeführt, daß die römischen Wachposten sie nicht entdeckten. Als die Truppenkontingente ihre Position an der Ausgangsbasis erreicht hatten, stießen sie plötzlich ein immenses Kriegsgeschrei aus, um die Belagerten zu informieren und stürzten sich in den Angriff. Die einen warfen Faschinen, um die Annäherungshindernisse zuzudecken, die anderen bombardierten den Wall mit Pfeilen und Schleudersteinen, um die Verteidiger davon zu vertreiben. Auf dem Mont Auxois hatte Vercingetorix den Lärm gehört und begriffen, daß die Stunde gekommen war; er ließ zur Versammlung blasen und stellte sich an die Spitze seiner Truppen, um sie in den Angriff gegen die «Contrevallation» zu führen. Was die römischen Soldaten anbetraf, begaben sie sich auf ihre Posten, die ihnen an den vorhergehenden

***Abb. 87** Alesia von Südwesten gesehen (Luftbild). Auf der Hochebene die römische Siedlung. Am Abhang das Dorf Alise-Sainte-Reine.*

***Abb. 88** Alesia von Süden aus dem Tal des Ozerain gesehen.*

Tagen zugewiesen worden waren. Sie fanden dort die Waffen und Munition schon bereit liegen: Schleudergeschosse und zugespitzte Pfähle. Dies waren nicht die normalen Waffen der Legionäre, doch empfahl sich ihr Einsatz in diesem Belagerungskrieg, und sie wußten sich ihrer sehr gut zu bedienen. Sie schickten sich an, auf den Beschuß durch die Gallier zu reagieren.

In der Dunkelheit schoß man wahllos. Es waren so viele Kämpfer, daß auf beiden Seiten große Verluste entstanden. Die römischen Geschütze ließen einen Regen von Geschossen auf die Anstürmenden niederprasseln. Zeitweilig ließen die Kräfte der Römer nach, doch war dieser Abschnitt zwei erstklassigen Legaten anvertraut: Marcus Antonius, dem zukünftigen Triumvirn, und Caius Trebonius. Geistesgegenwärtig ließen sie Verstärkung anrücken und setzten sie jeweils an den bedrohten Abschnitten ein.

Solange sie außerhalb der mit Annäherungshindernissen bestückten römischen Zonen standen, gab der dichte Beschuß den Galliern deutlich den Vorteil, doch änderten sich die Verhältnisse, sobald sie in diese Zonen eindrangen. Einige blieben an den Fußhaken hängen und andere fielen in die Wolfslöcher. Ihr Vordringen verlangsamte sich. Darüber hinaus waren sie nun in Reichweite der schweren Belagerungsgeschosse, welche die Verteidiger von der Höhe des Walles und von den Türmen aus auf sie warfen und die sie tödlich durchbohrten. Ihre Verluste wurden so immer schwerer, ohne daß sie irgendwo durchzubrechen vermochten. Ihre rechte Flanke drohte umzingelt zu werden, falls Caesar eine Gegenattacke vom Lager aus vortragen sollte, das sich auf der westlichen Erhebung der Montagne de Flavigny befand. Das Terrain forderte dieses Manöver geradezu heraus, so daß sich die Anführer auf gallischer Seite bei Tagesanbruch der Gefahr bewußt wurden und dieses Mal die Einsicht besaßen, zur rechten Zeit auf den Angriff zu verzichten, dessen Aussichtslosigkeit offensichtlich war. So gaben sie Befehl zum Rückzug und kehrten ins Lager zurück.

Auf der Seite der Belagerten trugen sich die Dinge in weniger dramatischer Weise zu, doch waren sie unterm Strich nicht erfolgreicher gewesen. Sie hatten damit Zeit verloren, das für den Ausfall vorbereitete Material nach vorne zu transportieren, um den 20 Fuß breiten Graben weiter aufzufüllen. Als sie erkannten, daß man in der Ebene aufgehört hatte zu kämpfen, waren sie noch nicht in den Bereich der «Contrevallation» vorgedrungen. Zum zweiten Mal war ihr Angriff gescheitert, bevor er eigentlich begonnen hatte.

Eine Operation im großen Stil

Der Rat des Entsatzheeres sah ein, daß es nötig war, eine gescheitere Aktion in die Wege zu leiten. Man befragte Ortskundige, – d. h. sicher Einwohner des Ortes, Mandubier –, welche die Arbeiten der Legionäre beobachtet hatten. Sie beschrieben die Abschnitte der Verschanzungslinien, die man nicht oder nur schlecht vom Lager der Entsatzarmee aus sah. So erkannte man, daß sie einen schwachen Punkt enthielten: Im Norden umfaßten die Linien den «Mont Réa» nicht, denn um ihn in den Belagerungsring einbeziehen zu können, hätte es einer beträchtlichen Erweiterung des Umfangs der Anlagen bedurft; die Verschanzung verlief auf halber Höhe und am Fuße des Mont Réa. Dort lag eines der römischen Lager in fast ungünstiger Position am Abhang, dominiert durch den Gipfel des Hügels. Caesar wußte sehr wohl, welches Risiko er damit eingegangen war, sollte der Feind hier angreifen. Aufgrund dessen hatte er entsprechende Vorkehrungen getroffen, um zu gewährleisten, daß die Linien standhalten konnten: Zwei Legionen hatten in diesem Lager Stellung bezogen, von denen die eine unter dem uns kaum weiter bekannten Legaten Caius Antistius Reginus stand, aber diese Legion war die 11. Legion, eine Veteranentruppe, die schon den

88

89

ganzen Krieg mitgemacht hatte und solide und sicher war. Die andere Legion hatte an ihrer Spitze als Legaten Caius Caninius Rebilus, einen der brillantesten Offiziere der Armee. Es handelte sich vermutlich um die 10. Legion, eine Eliteeinheit, von der Caesar in Ausdrücken spricht, die an die erinnern, die Napoleon für seine «Vieille Garde» gebrauchte.

Die gallischen Anführer gaben sich jedoch nicht mit den Informationen zufrieden, die man ihnen hatte zukommen lassen. Sie entsandten auch Spähtrupps, um die lokalen Gegebenheiten zu erkunden. Danach arbeiteten sie ihren Schlachtplan im Detail unter strengster Geheimhaltung aus. Man wählte unter den Truppen jener Stämme, die in dem Ruf standen, den größten Mut zu haben, 60 000 Mann aus. Diese Einheit sollte mit der Hauptmission betraut sein, nämlich dem Angriff des Gebietes unter dem Mont Réa, und der Averner Vercassivellaunus sollte sie befehligen. Diese Wahl schien angezeigt, da die Befreiung der Belagerten und seines Vetters Vercingetorix eigentlich auch eine private Angelegenheit war. Er brach gegen Einbruch der Nacht mit seinen Truppen auf einem großen Umweg auf, weniger um den römischen Patrouillen zu entgehen, da es ihrer wohl keine oder nur sehr wenige gab, vielmehr um nicht von den Wachposten, welche auf dem Umschließungswerk standen, gehört zu werden. Sie durchquerten die Brenne auf einer Furt, und stiegen anschließend durch die Senke hinan, wo sich heute das kleine Dorf Menetreux-le-Pitois befindet. Bei Tagesanbruch, wohl gegen 4.30 Uhr, hatten sie ihre Umgehungsbewegung nahezu beendet. Der Mont Réa verbarg sie vor den römischen Beobachtern. Die Offensive war auf die Mittagszeit angesetzt, d. h. um 13.00 Uhr, was etwa neun Stunden Wartezeit für die Soldaten bedeutete. Als guter und erfahrener Anführer, bemüht, die Kräfte seiner Truppen zu schonen, ließ Vercassivellaunus sie ausruhen. Als die Sonne im Zenit stand, brach er in Richtung auf sein Ziel auf. Gleichzeitig stürmte die Kavallerie auf gallischer Seite in die Ebene hinab und näherte sich erneut der «Circonvallation», während die Infanterie, wie bereits anläßlich der ersten Schlacht geschehen, sich vor dem Lager aufstellte.

Vercingetorix beobachtete seine Verbündeten von der Festung aus und ließ seine Truppe ein drittes Mal mit dem gesamten Sturmmaterial ausrücken: mit Faschinen, Stangen, Mauersicheln und wohl vielem anderem, was Caesar nicht erwähnt. Dieses Mal trugen die Arbeiten, die man im Verlauf der letzten beiden Angriffe ausgeführt hatte, Früchte: Der zwanzig Fuß tiefe Graben stellte kein Hindernis mehr dar, so daß man schließlich die «Contrevallation» in Angriff nehmen konnte.

Niemals schlugen die Herzen so sehr …

Man kämpfte überall gleichzeitig. Alle Schanzwerke wurden, zumindest in der Ebene, gleichzeitig angegriffen; wenn die Verteidigung schwächer zu werden schien, rannte man in Massen dorthin. Die römischen Truppen waren durch die Länge der zu haltenden Linien auseinandergezogen und hatten entsprechend Schwierigkeiten, den gleichzeitigen Angriffen standzuhalten. Zugleich waren die Legionäre vom Kriegsgeschrei in ihrem Rücken eingeschüchtert, ohne daß sie sich über die Entwicklung des Kampfes, in den ihre Kameraden verwickelt waren, klar zu werden vermochten.

Caesar hatte sich einen günstigen Aussichtspunkt gewählt, von dem aus er das gesamte Schlachtfeld überblicken konnte, wahrscheinlich auf der westlichen Erhebung der Montagne de Flavigny. Der Platz lag über einem Kalksteinband. Von hier aus sandte er Verstärkungen dorthin, wo seine Leute in Bedrängnis waren. Auf beiden Seiten war man sich bewußt, daß die Stunde der Entscheidung gekommen war. Die Gallier glaubten sich verloren, wenn sie die feindlichen Linien nicht einzudrücken vermochten; was die Römer betrifft, so hofften sie, daß ihr Sieg das Ende ihrer Mühsal bedeutete.

Besonders dort, wo Vercassivellaunus vordrang, wurde die Lage für die Römer kritisch. Das abfallende Gelände war für die Angreifer äußerst vorteilhaft, und die Elitetruppen manövrierten in bewundernswerter Weise: Einige durchbohrten die Verteidiger mit Geschossen, andere bildeten ein Schilddach mit ihren länglichen Schilden wie echte Legionäre, um sich den Verteidigungsanlagen nähern zu können. Alle trugen – wohl in ihren Mänteln – Erde herbei, um sie in die römischen Verteidigungsanlagen zu werfen. Sie machten dies so gut, daß die in der Erde verborgenen Annäherungshindernisse unwirksam wurden.

Vercassivellaunus hatte nicht den Fehler begangen, alle Männer gleichzeitig einzusetzen, und ohne Unterlaß ersetzten ausgeruhte Truppen jene, deren Kräfte sich langsam erschöpften. Die Römer hingegen konnten sich nicht in gleicher Weise verhalten: Langsam fehlte es ihnen an Verteidigungsmaterial, und sie standen am Rande der körperlichen Erschöpfung. Als Caesar dies erfuhr, entsandte er sofort den besten seiner Generäle, Titus Labienus, den Sieger der Schlacht um Lutecia, vor Ort um den Kampf zu erneuern, indem er ihm sechs Kohorten zur Verstärkung gab. Notfalls sollte Labienus die Befestigungsanlagen aufgeben. Er sollte die Kohorten zurücknehmen und einen Gegenangriff lancieren. Dies allerdings sollte nur in der äußersten Notlage geschehen.

***Abb. 89** Eine der Hinweistafeln (wohl auf dem Mont Penevelle), die den Verlauf der «Circonvallation» bezeichnen.*

***Abb. 90** Lage eines römischen Lagers auf der Montagne de Bussy, im Vordergrund das Schloß Bussy-Rabutin.*

In der Ebene, wahrscheinlich an der «Contrevallation» am Ozerain, entwickelte sich die Lage ebenfalls nicht sehr gut. Caesar begab sich selbst dorthin. Es genügte, die Kampfmoral der Männer zu stärken: Man solle sich nicht von Müdigkeit besiegen lassen, die Frucht aller Mühen zuvor hinge von diesem einen Tag, von diesen Stunden ab. Jedenfalls wurde die «Contrevallation» hier gehalten.

Aber es galt, sie zu durchbrechen. Vercingetorix gab den Kampf in der Ebene auf, da dort die Befestigungsanlagen in der Tat zu stark waren. Er ließ seine Truppen mit dem gesamten Material in das Tal des Ozerain steigen, wo die Befestigungen weit weniger stark waren, und ließ sie dort angreifen. Die steilen Abhänge waren für die Angreifer sicher hinderlich, doch ist die Taktik, den Feind eben dort anzugreifen, wo er es nicht erwartet, keineswegs zu verachten.

Unter dem Hagel der Geschosse mußten die Verteidiger der Türme fliehen. Die Angreifer gelangten zu den Schanzwerken und verschafften sich Durchgang mit Hilfe von Erde und Faschinen. Sie erreichten die Palisade und machten sich daran, die Brustwehr mit ihren Mauersicheln an langen Holzstangen niederzureißen. Zum großen Unglück für die Gallier hatte der Proconsul (Caesar) ihre Bewegung beobachtet: Er entsandte zunächst einige Kohorten unter Führung des jungen Brutus dorthin. Diese Kohorten reichten nicht aus, so daß Caesar Brutus durch Truppen unter dem Legaten Caius Fabius Maximus weitere Verstärkung zukommen ließ. Auch diese Maßnahme genügte noch nicht, der Kampf tobte immer heftiger. Schließlich entschloß sich der Feldherr selbst, mit ausgeruhten Truppen unter seinem eigenen Kommando in das Kampfgeschehen einzugreifen. Diesmal konnte er dem Kampf eine glücklichere Wendung geben; doch hielt er sich dort nicht weiter auf, da Titus Labienus ihn wissen ließ, daß die Lage am Mont Réa immer schlimmer werde.

Der Bericht des Boten war erschreckend: Daß Labienus mit sechs Kohorten in das Kampfgeschehen eingegriffen hatte, vermochte nichts zu ändern. Gräben, Wälle, der Feind eroberte alles. Labienus hatte bei allen Garnisonen, die Nachschub leisten konnten, Truppenverstärkungen angefordert. Mit den 20 Kohorten der beiden Legionen und den sechs Kohorten, die er selbst zur Verstärkung mitgebracht hatte, konnte er alles in allem 39 Kohorten zusammenbringen, d.h. fast vier Legionen, beinahe die Hälfte der Armee. Zweifelsohne waren die Lager auf der Montagne de Bussy und die Umzingelungs-Befestigung im Tal der Oze fast ohne Besatzung, doch hatten die Gallier mit dieser Möglichkeit nicht gerechnet: Mit diesen Truppen, von denen einige sehr erschöpft waren, wagte der Legat die offene Feldschlacht, wozu Caesar ihn autorisiert hatte.

In den purpurnen Mantel gehüllt eilt Caesar zu Hilfe ...

Caesar hatte nicht mehr als vier Kohorten zu seiner Verfügung, die er aus der nächstgelegenen Befestigungsanlage abzog. Das war wenig, doch blieb noch die Kavallerie, die er bisher nicht eingesetzt hatte. Er gab einigen Einheiten den Befehl, ihm zu folgen, (wahrscheinlich je-

90

91

92

nen, die in der Ebene stationiert waren) und anderen, die ohne Zweifel auf der Montagne de Bussy lagen (Abb. 91), in großem Bogen die «Contrevallation» zu umgehen und den Feind von hinten anzugreifen. Entlang der Abhänge der Montagne de Flavigny und durch die Geländekonfiguration der Ebene hindurch ritt Caesar an der Spitze der Kolonne, in das *paludamentum*, den Purpurmantel der römischen Feldherrn, gehüllt, den er gewöhnlich in Schlachten als Erkennungssignal trug. Als erste erkannten ihn von den Hängen des Mont Réa aus die Gallier. Wohl wissend, daß der Moment der Entscheidung gekommen war, stürzten sie sich auf die Kohorten des Labienus und erhoben ein Kriegsgeschrei, das der Feind erwiderte, während sich überall, auf dem gesamten Wall und in allen Wehranlagen, ein gewaltiges Schreien erhob. Die Legionäre des Labienus ließen die Wurfgeschosse fahren, sofern sie überhaupt noch solche hatten, und verteidigten sich mit dem Schwert.

Plötzlich erschien die Kavallerie, die den Gebirgsvorsprung, der Grésigny überragt, hatte erklimmen müssen, im Rücken der Angreifer. Diese hatten die römische Reiterei nicht bemerkt, zugleich näherten sich die anderen Verstärkungen.

Panik bemächtigte sich dieser tapferen Krieger; sie wandten sich um und flohen; doch war es bereits zu spät. Die römischen Reiter schnitten ihnen den Rückzug ab und richteten ein furchtbares Blutbad an. Sedullos, politischer und militärischer Anführer der Lemoviker, befand sich unter den Toten. Vercassivellaunus wurde eingeholt und gefangen; kaum einer der Krieger erreichte das Lager unverwundet. Man brachte Caesar 74 Feldzeichen.

Vom Wall des Oppidum aus hatte man mit Beklemmung das Fortschreiten des Angriffs von Vercassivellaunus verfolgt. Die Distanz und das Vorhandensein der Oze hinderte die Belagerten daran, direkt einzugreifen. Als man das Desaster erkannte, das so vielen Anstrengungen und Opfern ein Ende setzte, sah man schließlich ein, daß es keine Hoffnung mehr gab, und man rief die Truppen, die noch vor der «Contrevallation» am Ozerain kämpften, zurück. Als sie sahen, daß die Belagerten selbst auch den Kampf aufgegeben hatten, verließen die Gallier des Entsatzheeres das Lager und flohen.

(Auszug aus J. Le Gall, Alésia, Archéologie et Histoire, reéd. Errrance 1990).

***Abb. 91** «Der Sterbende Gallier», kleine Bronzefigur gefunden auf dem Forum von Alesia. Römische Arbeit nach hellenistischem Vorbild, Musée d'Alésia.*

***Abb. 92** Inschrift in gallischer Sprache (mit römischen Großbuchstaben geschrieben).* **MARTIALIS • DANNOTALI / IEVRV • VCVETE • SOSIN / CELICNON ETIC / GOBEDBI • DVGIIONTITO / VCVETIN // IN ALISIIA.** *Die (ungefähre) Übersetzung lautet: «Martialis, der Sohn des Dannotalus hat dem Ucuetis dieses Heiligtum geweiht und die Metallurgen, die den Ucuetis in Alesia verehren.» Die Inschrift ist u. a. darum bedeutsam, weil sie den Ortsnamen Alesia (unter der gallischen Form* **ALISIIA** *[vielleicht als Alisija auszusprechen?]) enthält. Museum Alise-Sainte-Reine. (Photo R. Fellmann)*

Susanne Sievers

Alesia und die Werkzeuge des Krieges

Im Musée des Antiquités Nationales von Saint-Germain-en-Laye ist Alesia ein ganzer Saal gewidmet. Obwohl die Waffen dort einen prominenten Platz einnehmen, vermitteln sie in der gezeigten Auswahl jedoch nur einen schwachen Eindruck von den verlustreichen Entscheidungskämpfen rund um das oppidum. Die Masse der Waffen ruht bis heute in den Schubladen des Museumsdepots. Von Zeit zu Zeit dürfen sachkundige Wissenschaftler einen Blick darauf werfen. Um so bemerkenswerter ist es, daß im Zuge der französich-deutschen Zusammenarbeit im Rahmen des Grabungsprojektes der Jahre 1991–1997 großzügigerweise einer deutschen Kollegin die Bearbeitung dieser Funde anvertraut wurde, die für Frankreich von hohem nationalem Wert waren und offensichtlich noch sind. Was hat es mit diesen Waffen auf sich?

Sie spielten natürlich bei der Lokalisierung des berühmten Schlachtfeldes eine ganz entscheidende Rolle, auch wenn man dazu anfangs die Waffen eines, wie wir heute wissen, bronzezeitlichen Hortes herangezogen hat, der dort zufällig bei Kanalisationsarbeiten 1860 gefunden worden war. Die während der zweiten Hälfte des 19. Jhs. noch vorhandene Unsicherheit in der zeitlichen und ethnischen Ansprache vorgeschichtlicher Waffen spiegelt sich bestens in der Waffenausstattung des Vercingetorix-Standbildes auf dem Mont Auxois sowie auf zeitgenössischen Gemälden und Skulpturen (Abb. 8. 70. 93).

Erst die von Napoleon III. iniziierten Grabungen brachten Aufschluß über das wahre Handwerkszeug der Entscheidungsschlacht, das uns durch seine Grausamkeit auch nach 2000 Jahren nicht unberührt läßt. In den Schnitten durch die Gräben der «Circon»- und «Contrevallation» fand man, wie übrigens auch bei den von M. Reddé geleiteten Grabungen der 90er Jahre, immer wieder vereinzelte Teile von Schwertern, Schildbuckeln, Pfeil- und Speerspitzen oder Schleuderbleie zusammen mit Münzen, Gerätschaften und allerlei Abfällen. Waren die einen Zeugen der Kämpfe um die Belagerungswerke, so verwiesen die anderen auf das tägliche Leben der römischen Soldaten zwischen den beiden Linien und deren mühevolle Schanzarbeiten.

Als man 1863 unterhalb des Mont Réa, in der Ebene von Grésigny, auf größere Waffenmassen stieß, öffnete man die Gräben dort auf ganzer Länge und entnahm ihnen u. a. Hunderte von Waffen und Münzen. Es häuften sich hier aber auch die – heute verlorenen – sterblichen

***Abb. 93** Vercingetorix liefert sich Caesar aus und legt ihm seine Waffen zu Füßen (Gemälde von Lionel Royer 1899. Le Puy, Musée Crozatier. Inv. 03–59).*

93

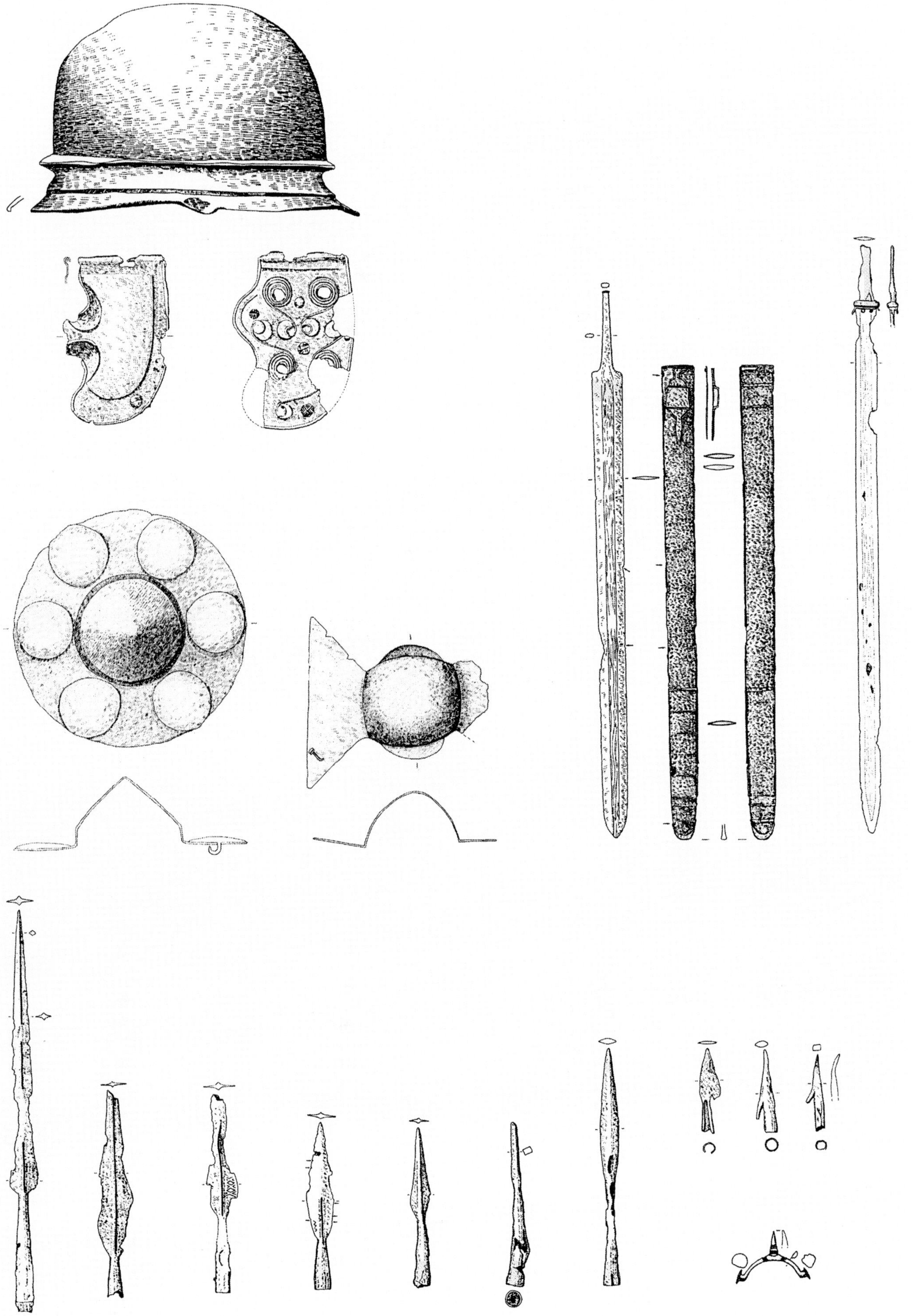

94

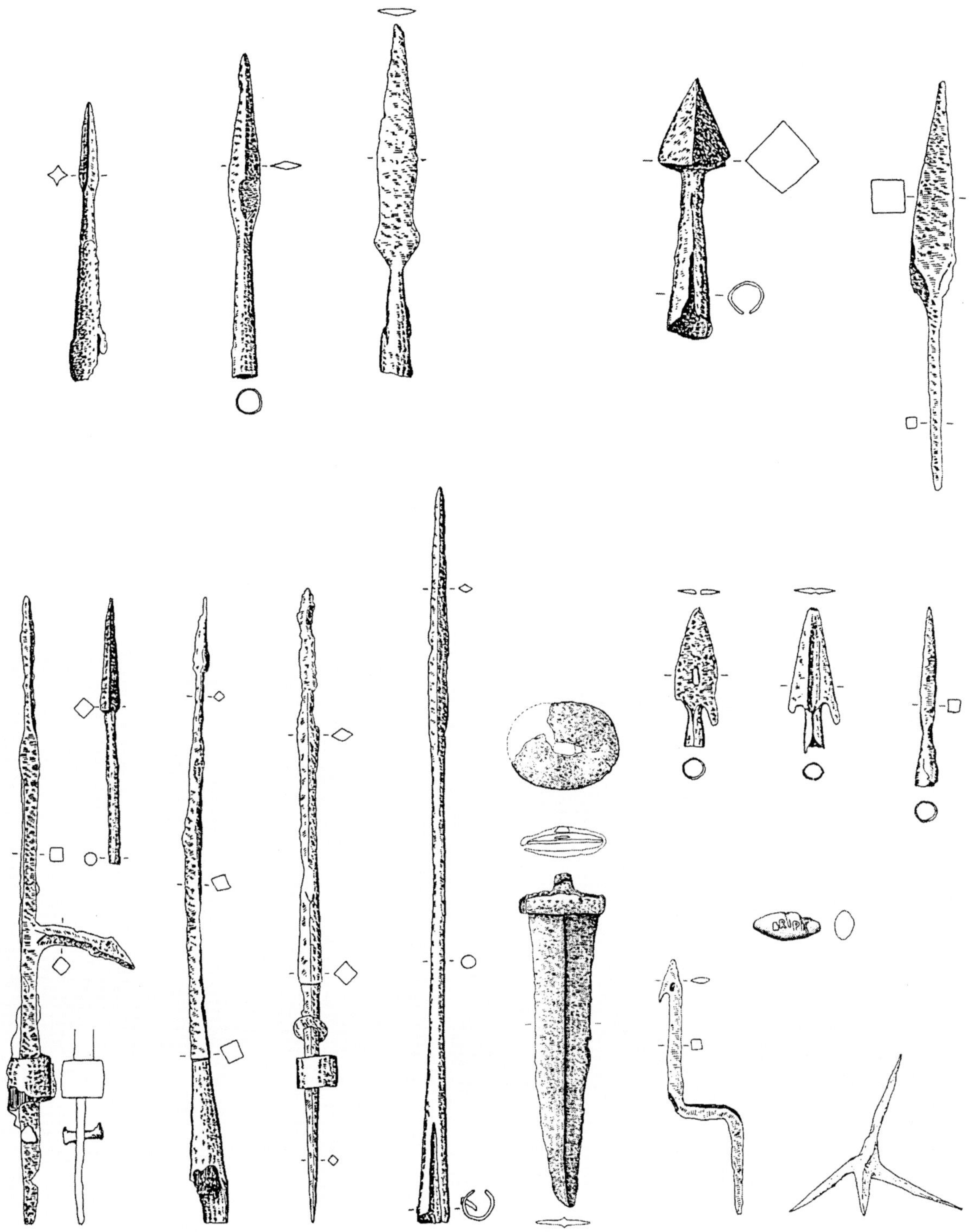

95

Abb. 94 Auswahl keltischer Waffen von der Schlacht um Alesia. Von oben nach unten: Helm mit Wangenklappen, Schildbuckel, Schwerter, Lanzen- und Speerspitzen, Pfeilspitzen, Reitersporn. Reitersporn aus Bronze, sonst Eisen.

Abb. 95 Auswahl römischer Waffen von der Schlacht um Alesia. Von oben nach unten: Speerspitzen, Katapultgeschoß, Pilumspitzen, Dolch, Pfeilspitzen, Schleuderblei, stimulus, Fußangel. Außer Schleuderblei alles Eisen.

Überreste von Menschen und von Pferden. Durch moderne Nachgrabungen wissen wir inzwischen, daß es sich bei den Pferden um die damaligen Reitpferde gehandelt hat. All dies paßte gut zu den Überlegungen, wonach sich ein entscheidender Teil der Schlacht an den Hängen des Mont Réa abgespielt haben soll. Schien der Bezug zum Kriegsgeschehen eindeutig, so war man sich aber lange Zeit uneins über die Bedeutung der großen Fundmassen. Handelte es sich wirklich nur um zufällig in die Gräben geratene Funde oder mußte man nicht vielmehr mit gezielten Deponierungen, also Weihungen rechnen? Es wurde sogar die Frage diskutiert, ob es sich um den Teil eines Heiligtums handelte.

Lassen wir in diesem Fall die Waffen sprechen (Abb. 94. 95). Aus den Altgrabungen liegen uns Reste von etwa 20 Helmen vor – erhalten sind vor allem die z. T. verzierten Wangenklappen –, größere Reste von etwa 15 Schilden, deren Handgriff von einem eisernen Buckel geschützt war, sowie zahllose Beschläge und Nägel. Mit etwa 20 Schwertern und einem Reitersporn schließt sich der Kreis derjenigen Waffen, die mit der kämpferischen Elite in Verbindung zu bringen sind. Sie können fast alle als keltisch angesprochen werden; allein ein sog. Stangenschildbuckel könnte einem im Dienste der Römer kämpfenden Germanen gehört haben. Als römische Nahkampfwaffen sind lediglich ein Dolch und zwei rapierartige Schwertklingen zu nennen.

Wie etwa 400 eiserne Spitzen von Lanzen, Speeren und die typischen römischen Pila belegen, bildeten diese die Hauptangriffswaffen; sie kamen im Nahkampf bzw. auf einer mittleren Distanz zum Einsatz. Als Fernwaffen fungierten die besonders zahlreich erhaltenen Pfeilspitzen, die in ihrer Masse wohl keltisch sind, es gibt aber auch römische Katapultspitzen und Schleuderbleie. Die Römer verfügten außerdem über metallene, widerhakenbewehrte Annäherungshindernisse (*stimuli*). Schwer zu beantworten ist die Frage, welche der Lanzen und Speere von Römern, Kelten oder gar Germanen benutzt worden sind. Sicher ist nur, daß die langen spießartigen Lanzen, die häufig eingeätzte Verzierungen tragen, nicht römisch sind. Mit ihnen vermochte man nicht nur Schilde zu durchstoßen, sondern sogar den Mann dahinter zu treffen oder einem Pferd tiefe Wunden beizubringen. Gefürchtet waren sicher auch die keltischen Lanzen mit geschweiften Schneiden; sie rissen tiefe Fleischwunden. Klar ist, daß die jeweils gegnerische Seite die erbeuteten Waffen, vor allem die rein funktionalen, schlanken Speere, wiederbenutzte und zurückschleuderte. Mit dem Einsatz der Pila, die einen langen biegsamen Hals und eine kurze, pyramidenförmige Spitze hatten, die sich nur schwer wieder entfernen ließ, versuchten die Römer dem entgegenzuwirken.

Welche Schlüsse können wir aus den Waffenmassen am Fuß des Mont Réa ziehen? Scheinen die typisch keltischen Waffen (Schutzwaffen, Schwerter, Lanzen, Speere, Pfeile) für den Nah- und Fernkampf geeignet gewesen zu sein, herrschten bei den römischen eindeutig die Fernwaffen (Speere, Pila, Katapultgeschosse, Schleuderbleie) vor. Dies dürfte auch der jeweiligen Kampfesweise entsprochen haben, lag es doch in der Absicht der Römer, die Gallier auf Distanz zu halten bzw. gar nicht erst an die Belagerungswerke herankommen zu lassen. Die gegen die Kelten gerichteten Geschosse landeten zumeist im Vorfeld der Gräben, weshalb sie nicht in großen Mengen überliefert sind; dort waren auch die Annäherungshindernisse aus Metall (*stimuli* und *tribuli*) verteilt. Ganz anders die keltischen Pfeilspitzen, von denen ein Teil wohl als Brandpfeile genutzt wurde, um die römischen Belagerungswerke in Brand zu stecken, was offensichtlich auch hier und da gelungen ist, wie die jüngsten Grabungen gezeigt haben. Sie sind jedenfalls häufig in den Gräben zu liegen gekommen. Daß wir dort auch Lanzen, Speere, Dolche und Schwerter finden, überrascht nicht; sie bezeugen die Kämpfe im direkten Vorfeld der Wälle, von denen man auch größere Steinkugeln herabgeschleudert hat.

Scheint auf den ersten Blick die Zusammensetzung der Waffen einen Spiegel des Schlachtgeschehens darzustellen, so erhebt sich dennoch die Frage, weshalb so wenige römische Nahkampfwaffen erhalten sind und weshalb man von beiden Seiten keine Standarten oder Kriegstrompeten gefunden hat. Es ist zum einen davon auszugehen, daß die siegreichen Römer das Schlachtfeld nach allen noch brauchbaren Waffen abgesucht haben, zum andern, daß man vor allem die prächtigsten Waffen des Gegners und sicher dessen Abzeichen als Kriegstrophäen nach Rom mitgenommen hat. Bei Caesar (BG VII 88) ist nachzulesen, daß ihm 74 erbeutete Feldzeichen übergeben worden sind.

Strittig war lange Zeit, wie und wann die Überreste der Entscheidungsschlacht in die Gräben geraten sind. Schließlich gab es auffällige Konzentrationen, übereinander gestapelte Schildbuckel oder zusammengebundene Schwerter. U. a. durch die Grabungen der jüngsten Zeit, bei denen immerhin einige Waffen ans Tageslicht kamen, ergab sich ein ganzes Bündel an Möglichkeiten, das die früher oft einseitigen Erklärungsmodelle ersetzt hat. Sind große Teile der Waffen während der Kämpfe auf den Boden der Gräben gelangt, so scheinen andere auf Weihehandlungen am Ort des tragischen Geschehens zurückzugehen, was bei den zusammengebundenen Schwertern der Fall sein könnte. Andere Waffen hat man offensichtlich erst später, als man das Schlachtfeld wieder landwirtschaftlich nutzen wollte, bei Aufräumarbeiten in die schon halb verfüllten Gräben verbracht und sie dort «deponiert».

Ein für die Wissenschaft wichtiger Aspekt, nämlich die Frage, ob die Waffen und auch die anderen Funde zeitgleich und sicher mit dem Geschehen des Jahres 52 v. Chr. in Verbindung zu bringen sind, dürfte inzwischen geklärt sein. Somit besitzt die Prähistorie in der Belagerung von Alesia einen ihrer ganz wenigen zeitlichen Fixpunkte, der ihr hilft, vergleichbare Funde korrekt zu datieren. Für die spätrepublikanische Bewaffnung der Römer und diejenige der späten Kelten zwischen Spanien und dem Donauraum ist dieser Fundus von herausragender Bedeutung. Die Waffen von Alesia führen uns heute aber vor allem eindringlich die in ihrer Wirkung grausamen Zeugnisse einer Schlacht vor Augen, die die Geschicke Galliens bzw. Frankreichs bis auf den heutigen Tag bestimmt und zum Untergang des Keltentums beigetragen hat. Angesichts dieser Werkzeuge des Krieges besteht kein Grund zu einer Heroisierung der damaligen Kontrahenten, die – unter dem Blickwinkel ihrer Kriegsgerätschaften – einander ebenbürtig waren.

Die Berichte über die Kapitulation des Vercingetorix

... bei Caesar [BG VII 89]: *Caesar befahl, daß die Waffen abgeliefert und ihm die Führer der Stämme vorgeführt werden sollten. Er setzte sich in der Umwehrung, vor dem Lager, hin. Dort wurden ihm die Anführer vorgeführt. Vercingetorix wird ausgeliefert und die Waffen niedergelegt.*

... bei Florus, der 150 Jahre nach den Ereignissen schrieb [Florus, Epitoma, I 45]: *Dieser König selbst, die schönste Zierde des Sieges, kam bittflehend in unser Lager und warf sein Pferd, die Phalerae und seine Waffen vor die Knie Caesars und sagte: «Da hast du sie. Du, tapferster Mann, hast einen tapferen Mann besiegt».*

... bei Plutarch (gleiche Zeitperiode wie Florus) [Plutarch Caes. XXVII 9–10]: *Der Anführer der alles geleitet hatte, Vergentorix (sic!), zog seine schönsten Waffen an, schmückte sein Pferd, auf welchem er zum Tor hinausritt. Er beschrieb einen Kreis um Caesar, der Platz genommen hatte, sprang vom Pferd und warf seine Waffen hin. Er selbst setzte sich zu Füßen Caesars, verhielt sich ruhig bis zum Augenblick, als er im Hinblick auf den Triumphzug den Wachen übergeben wurde.*

... bei Cassius Dio (mehr als zwei Jahrhunderte nach den Ereignissen) (Cassius Dio II 41): *Vercingetorix erschien plötzlich, während Caesar auf einer Plattform saß. Einiger derjenigen, die anwesend waren, bemächtigte sich ein Schrecken, denn außer, daß er von großem Körperwuchs war, machten ihn auch die Waffen, die er trug, eindrucksvoll. Als wieder Ruhe eingekehrt war, fiel Vercingetorix ohne ein Wort zu sagen, auf die Knie, umfaßte Caesars Hände, um ihn demütig anzuflehen. Dies erfüllte viele mit Mitleid in Erinnerung an sein einstiges Glück und angesichts des augenblicklichen Jammerbildes. Caesar machte ihm jedoch gerade das zum Vorwurf, worauf er alle Hoffnung auf Begnadigung gesetzt hatte: indem er der früheren Freundschaft alle feindlichen Handlungen gegenüber stellte, zeigte er auf, daß seine Beleidigung noch weitaus schwerwiegender gewesen sei. Folglich ließ er ihn, ohne ihn im entferntesten zu begnadigen, alsbald in Fesseln legen.*

96

***Abb. 96** Statue, genannt der «Krieger von Vachères» (Alpes-de-Haute-Provence). Sie stellt ein gallisches Stammesoberhaupt als Kommandanten einer Auxiliartruppe im römischen Heer gegen Ende des 1. Jhs. v. Chr. dar. Um den Hals trägt er den traditionellen Halsreif (torques). Er hat einen ovalen Langschild, ein Schwert, das an einem Ledergürtel befestigt ist, sowie ein Panzerhemd. (Musée Calvet, Avignon).*

Die Entsatzarmee

Stämme	Region/Vorort	Truppenkontingent
Haedui und deren Vasallen	Morvan und dessen Umland, von der Saône bis ins Bourbonnais	
Segusiavi	rechtes Rhôneufer (Dombes) bis Roanne	35000 Mann
Ambivaereti	Bourbonnais, Besbretal	
Aulerci Brannovices	Brionnais ?	
Blannovii	?	
Averni und Vasallen	Auvergne (Gergovia)	
Eleutetes	?	
Cadurci	Quercy	35 000 Mann
Gabali	Gévaudan	
Vellavii	Velay	
Sequani	Ebenen von Saône und Jura	12 000 Mann
Senoncs	Gebiet von Sens und Melun	12 000 Mann
Bituriges	Berry	12 000 Mann
Santoni	Aunis und Saintonge	12 000 Mann
Ruteni	Rouergue	12 000 Mann
Carnutes	Beauce, von der Sologne bis zur Seine von Mantes abwärts	12 000 Mann
Bellovaci	Beauvaisis	10 000 Mann
Lemovices	Limousin	10 000 Mann
Pictones	Poitou	8000 Mann
Turones	Touraine	8000 Mann
Parisii	Gebiet um Paris	8000 Mann
Helvetii	Schweizer Mittelland	8000 Mann
Suessiones	Soissonnais	5000 Mann
Ambiani	Gebiet um Amiens	5000 Mann
Mediomatrici	Lorraine	5000 Mann
Petrocorii	Périgord	5000 Mann
Nevii	Hainault und Brabant	5000 Mann
Morini	Boulonnais und Calaisis	5000 Mann
Nitiobroges	Agenais	5000 Mann
Aulerci Cenomani	Gebiet von Le Mans	5000 Mann
Atrebates	Gebiet um Arras	4000 Mann
Veliocasses	Vexin	3000 Mann
Aulerci Eburovici	Evreux	3000 Mann
Rauraci	Ober-Elsaß und Jura	2000 Mann
Boii	Gegend von Sancerre	2000 Mann
Armoricani	Armorica	
Coriosolites	Côtes du Nord, Côte d'Armor	
Redones	Bretagne	
Ambibarii	Cotentin	
Caleti	Pays de Caux	Insgesamt
Osismes	Finistère	10 000 Mann
Veneti	Morbihan	
Lexovii	Lisieux	
Unelles	Cotentin	

Auf den Spuren von Caesar und Vercingetorix

Gergovia

Die alte Hauptstadt der Averner, eines der mächtigsten Stämme Galliens, ist berühmt geworden durch den Sieg des Avernerfürsten und Anführers des Aufstandes, Vercingetorix, über die Legionen Caesars, der die Belagerung Gergovias im Jahre 52 v. Chr. aufgeben mußte.

Das Plateau von Gergovia liegt etwa 6 km südlich von Clermont-Ferrand und präsentiert sich als eine Ost-West-orientierte Basalttafel, die 1500 m lang und 500 m breit ist. Mit seiner Höhe von 744 m dominiert es einen Großteil des «Departement Puy-de-Dôme». Obwohl nur etwa 1% der Gesamtfläche archäologisch untersucht wurde, ist diese riesige befestigte gallische Siedlung aus dem 1. Jh. v. Chr. Gegenstand verschiedener Grabungen gewesen, deren Ergebnisse der Öffentlichkeit präsentiert werden.

Die «Maison de Gergovie»

Als Informationszentrum auf dem Plateau zeigt die «Maison de Gergovie» die wichtigsten Objekte, die bei den Grabungen zutage kamen; vor allem mit einem Saal, der dem Alltagsleben der Gallier im Oppidum gewidmet ist. Eine audiovisuelle Sequenz auf großem Bildschirm erzählt die Geschichte der Schlacht von 52 v. Chr. Der Ort in seiner Gesamtheit wird ebenfalls vorgestellt: die vulkanischen Aktivitäten des Plateaus mit Maquette und Videoschau, Mineralien und Fossilien vom Fundplatz. Darunter befinden sich die Reste eines Nashornes aus dem Oligozän, das auf mehrere Zehnmillionen Jahre zurück datiert wird.

Praktische Informationen

La Maison de Gergovie
Plateau de Gergovie
F-63670 La Roche Blanche

Öffnungszeiten:
vom 1. Mai bis 1. November
Täglich 10.00–12.30 Uhr
und 14.00–18.00 Uhr
Juli und August: 10.00–19.00 Uhr
Geführte Besichtigungen mit Erklärungen des Fundplatzes im Juli und im August 15.30 und 17.00 Uhr.

Weitere Informationen:
Syndicat d'Initiative Gergovie
(Fremdenverkehrsverband)
Clermont Sud
Tel.: 0033/4 73 79 42 98
oder Rathaus
Tel.: 0033/4 73 79 40 09
Fax: 0033/4 73 79 40 27

Clermont-Ferrand

Das Museum Bargoin, das zu Beginn des 20. Jhs. durch ein Vermächtnis von Jean Baptiste Bargoin geschaffen wurde, beherbergt außer Objekten aus Ägypten und Etrurien eine bedeutende prähistorische Sammlung aus den Grabungen von Enval, Blanzat und Cébazat sowie eine reiche archäologische Sammlung lokaler Herkunft. Im Bereich der Vorgeschichte sind hier das Depot von Manson, der schöne Helm von «Martres-de-Veyre» und die Funde der Grabungen von Aulnat hervorzuheben – in Kürze werden sich noch die jüngsten Funde aus Gergovia und von den Côtes de Clermont hinzugesellen.

Unwidersprochen beruht der große Reichtum des Museums auf den Belegen aus der gallo-römischen Periode in der Gegend. Gläser, Keramik, Bronzen, Münzen, verschiedene Gegenstände aus Eisen, Holz und Ton lassen das tägliche Leben und die Wohnverhältnisse dieser Epoche lebendig werden. Besonders die Funde aus dem gallo-römischen Gräberfeld von Matres-de-Veyre, darunter die vollständig erhaltene Bekleidung eines Mädchens, sind bemerkenswert. Ihr vortrefflicher Erhaltungszustand ist auf ständige Emanationen vulkanischer Gase in der Gegend zurückzuführen. Die Statuetten der Götter aus Bronze oder weißem Ton aus dem Allier-Gebiet sowie die Überreste des Merkurtempels, der sich auf dem «Puy-de-Dôme» erhob, erinnern an die Bedeutung des Fundplatzes. Die Votive aus Holz, die in der «Source des Roches» in Chamalière geborgen wurden, bilden, im Untergeschoß vortrefflich ausgestellt, ein Prunkstück des Museums.

Die gallische Zivilisation harrt noch der Entdeckung: Besonders die geschriebene gallische Sprache ist Gegenstand intensiver Studien. Im Museum Bargoin ist eine gallische Inschrift ausgestellt, die auf Blei geschrieben ist. Sie ist zusammen mit den Weihgaben aus der «Source des Roches» gefunden worden, und zählt zu den längsten bekannten gallischen Texten.

Praktische Informationen

Musée Bargoin
45, Rue Ballainviliers
F-63000 Clermont-Ferrand
Tel.: 0033/4 73 91 37 31

Öffnungszeiten:
Täglich 10.00–18.00 Uhr, außer montags und an Feiertagen. Freier Eintritt am ersten Sonntag im Monat.

Bibracte

Als Schauplatz des Gallischen Krieges, als wirtschaftliche, politische und religiöse Hauptstadt der Häduer, eines der mächtigsten gallischen Völker, dehnt sich Bibracte auf dem Gipfel des Mont Beuvray auf einem Gebiet von über 22 ha aus. Der Berg liegt an der Grenze der Departements Nièvre und Saône-et-Loire. Vercingetorix einigte hier die Gallier im Jahre 52 v. Chr. gegen die Römer.

Das *oppidum,* das seit dem 19. Jh. ausgegraben wird, wurde im Jahre 1985 zum «Site National» erklärt und beherbergt heute, im Rahmen des «Parc naturel régional du Morvan», das «Centre archéologique européen du Mont Beuvray».

Das «Musée de la Civilisation celtique» befindet sich am Fuße des archäologischen Areals an der Grenze der Gemeinden Saint-Leger-sous-Beuvray und Glux-en-Glenne. Der freie Besuch der Ausgrabungen erlaubt, die archäologischen Spuren von Bibracte in einem weitgehend unberührten, forstbedeckten Umfeld zu entdecken. Der Berg selbst ist auf Pfaden und antiken Straßen ohne Mühe zu ersteigen.

97

98

Das Museum von Bibracte

Das «Musée de la civilisation celtique et du site de Bibracte» verbindet die europäische und lokale archäologische Forschung (Abb. 97). Die Dauerausstellung bietet Modelle, originale Fundobjekte und Kopien, die dem Museum von verschiedenen europäischen Institutionen anvertraut wurden, welche die verschiedenen Aspekte der keltischen Zivilisation dokumentieren. Im Erdgeschoß befinden sich Räume für audiovisuelle Vorführungen, Rekonstruktionen und Animationen zu pädagogischen Zwecken. Alljährlich beherbergt das Museum thematisch gegliederte temporäre Ausstellungen, die es ermöglichen, die Kenntnisse der Archäologie, im speziellen der keltischen Welt, zu vertiefen.

Praktische Informationen:

Öffnungszeiten und praktische Ratschläge:
Geöffnet täglich außer Dienstags:
14. März–15. Juni:
10.00–18.00 Uhr
16. Juni–13. September:
10.00–19.00 Uhr
14. September–15. November:
10.00–18.00 Uhr

«Passeport Bibracte» (freier Eintritt ins Museum und geführte Besichtigung des archäologischen Areals). «Workshop» für Kinder: mittwochs und donnerstags. Pädagogische Aktivitäten auf Anfrage. Tel.: 0033/3 85 86 52 35.

Anfahrt zum Museum: TGV (Linie Paris–Lyon) Bahnhof Le Creusot-Montchain (Autovermietung oder Taxi am Bahnhof). Gewöhnlicher Zug: Bahnhof Étang-sur-Arroux (nachher Taxi) oder Autun (Autovermietung am Bahnhof). Mit dem Auto: Von Le Creusot auf der N 80 oder D 973 Richtung Autun, Magne, Étang-sur-Arroux, D 61 Saint-Leger-sous-Beuvray, D 3 zum Museum; von Beaune aus, D 973 Richtung Autun, Moulins, D 61 Saint-Léger-sous-Beuvray, D 3 zum Museum; über Beaune D 973 Richtung Autun, Moulins, D 61 Saint-Leger-sous-Beuvray, D 3 zum Museum; über Nevers D 978 Richtung Autun, Château-Chinon, D 27 Luzy, Au Puits, D 18 Saint-Léger-sous-Beuvray, D 3 zum Museum.
In den Sommermonaten ist die Zufahrt mit Autobussen und Autos auf den Gipfel des Mont Beuvray gesperrt. Besucher werden auf Pendelbusse verwiesen, die beim Museum abfahren (über die Abfahrtszeiten beim Museum sich bitte telephonisch erkundigen).

Das «Centre de Recherche»

Das Forschungs- und Dokumentationszentrum (Centre de Recherche) ist ganzjährig geöffnet. Montags bis freitags von 10.00 bis 12.00 Uhr und von 14.00 bis 17.00 Uhr (freitags bis 16 Uhr). Tages- und Entdeckungstouren, Unterricht zu den Nationalen Denkmälern, Lehrgrabungen für Jugendliche während des Schuljahres oder in den Ferien.

Für alle Informationen:
Centre archéologique européen
du Mont Beuvray
F-58370 Glux-en-Glenne
Tel.: 0033/3 86 78 69 00
Fax: 0033/3 86 78 65 70

Besichtigung des Grabungsareals: Das ganze Jahr hindurch frei zugänglich. Geführte Besichtigungen auf Voranmeldung das ganze Jahr über möglich. Für alle Informationen über Tarife und Möglichkeiten: Tel.: 0033/3 85 86 52 35.

***Abb. 97** Das Museum von Bibracte.*

***Abb. 98** Ausgrabung in einem Keller im oppidum von Bibracte.*

Alesia

Als Ort mit legendärer Vergangenheit füllt Alesia die erste Seite in der Geschichte Frankreichs, 52 v. Chr. Es war eine berühmte Belagerung, Symbol des Überganges von Gallien zur römischen Welt. Nach der bewaffneten Auseinandersetzung zwischen Rom und Gallien geht die Lokalgeschichte Alesias weiter im täglichen Leben einer blühenden Kleinstadt gallo-römischer Prägung, die reich an Handwerk und Handel ist und von ihren Schutzgöttern beschirmt wird. Durch die Germaneneinfälle im 3. und 4. Jh. n. Chr. zerstört, überlebte sie durch die erstaunliche Kontinuität der Verehrung von «Sainte Reine». Die für Besucher hergerichtete archäologische Zone und die im Museum gezeigten Objekte (man achte besonders auf die beiden Inschriften in keltischer Sprache) geben einen konkreten Einblick.

Praktische Informationen

Grabungen und Museum von Alesia
Rue de l'Hôpital
F-21150 Alise-Sainte-Reine
Tel.: 0033/3 80 96 10 95
Fax: 0033/3 80 96 81 03

Öffnungszeiten:
ganztägig von Ende März bis Anfang November:
10.00–18.00 Uhr
Juli und August:
9.00–19.00 Uhr
Eintrittskarten für Museum und Grabung in Kombination oder nur für Museum oder Grabung.

Themenführung: «Auf den Spuren von Vercingetorix und Caesar»;

Thematische Sonderführungen: «Unterwegs zu Fuß auf den Spuren von Vercingetorix und Caesar». Spezielle Führung für Wanderer: 1. Teil: die Gallier. Die Wanderung führt vom vermuteten Lager des Vercingetorix bis zur äußersten Spitze des Sporns (Statue des Vercingetorix); man durchquert das *oppidum* zu Fuß (3 km) mit Halt am Aussichtspunkt bei den Grabungen für einen Gesamtüberblick über das Schlachtfeld. Im Laufe der Führung wird auf die Spuren der Befestigungen hingewiesen und graphische Rekonstruktionen präsentiert. (Dauer: ca. 2 Std. 30 Min.). 2. Teil: unterwegs zu Fuß auf den Spuren der Römer. Hier werden die Spuren der «Contrevallation» und der «Circonvallation» geortet. Aussicht auf das *oppidum* von einem der römischen Feldlager aus (Flavigny oder Bussy-le-Grand), die zu Fuß erreichbar sind. Dauer veränderlich je nach Vereinbarung des gewählten Aussichtspunkts (ca. 2 Std. 30 Min.).

Informationen:
Service Animation
Fouilles d'Alésia
Société des Sciences de Semur
Postfach 2
F-21150 Venarey-les-Laumes
Tel./Fax: 0033/3 80 96 81 03

Zur weiteren Lektüre empfohlen

C. Iulius Caesar, *Commentarii Belli Gallici cum A. Hirtii Supplemento*, edidit Harald Fuchs, Editiones Helveticae, Series latina 1, Frauenfeld (Huber) 1944 (Nachdrucke 1952 und 1955). (Für Leser, die der lateinischen Sprache mächtig sind, eine mit äußerster Akribie hergestellte Ausgabe.)

C. Iulius Caesar, *Gallischer Krieg*, Lateinisch-deutsch. Hrsg. von Otto Schönberger. Sammlung Tusculum. Zürich (Artemis und Winkler) (1999). (Spezielle Ausgabe mit Übersetzung unter Berücksichtigung zahlreicher Hinweise aus dem Kreise führender Archäologen und mit der Angabe weiterführender Literatur auf S. 723 ff.)

M. Reddé / S. von Schnurbein, *Neue Ausgrabungen und Forschungen zu den Belagerungswerken Caesars um Alesia 1991–1994* (mit einem Beitrag von Susanne Sievers), *Berichte der Römisch-Germanischen Kommission des Deutschen Archäologischen Instituts* 76, 1995 (Mainz 1996) 73–157.

Götz Waurick, *Helme in Caesars Heer* (1990).

Bildnachweis

Vorsatz vorne und hinten, Abb. 92: Photos R. Fellmann; 30: Photo Musée de la Civilisation gallo-romaine, Lyon; 93: Atelier la Licorne Bleue, Photo Giraudon; 94, 95: aus S. Sievers, Die Waffen, in: M. Reddé / S. v. Schnurbein u. a., Neue Ausgrabungen und Forschungen zu den Belagerungswerken Caesars um Alesia (1991–1994), Bericht der Römisch-Germanischen Kommission 76 (1995) 135–157; alle übrigen Abbildungen: Editions Errance.